40 Jahre Bundesrepublik

40 Jahre Bundesrepublik

Eine Chronik in Bildern

HERAUSGEGEBEN
VON
HEINER BREMER UND HERBERT SUHR

Herausgeber: Klaus Liedtke
Programmleitung: Dr. Manfred Leier
Lektorat: Gisela Merz-Busch
Bildredaktion: Uwe Schaffrath
Graphische Gestaltung: Herbert Suhr
Verlagsleitung: Peter Schlickenrieder
Produktion: Bernd Bartmann, Druckzentrale G + J
Satz: Alster-Lichtsatz GmbH, Hamburg
Druck: Mohndruck, Gütersloh
Stern-Buch im Verlag Gruner + Jahr AG & Co,
Hamburg
3. Auflage 1990
ISBN 3-570-09256-9

Inhalt

Vorwort

Worte sind Wegzeichen für die Erinnerung. Fotos sind Straßen zu den Schauplätzen des Geschehens. Sind Momentaufnahmen, „unbehauen von der Axt unseres begrifflichen Denkens", wie Karl Pawek es einmal sagte. Mit diesem Band eröffnet der STERN die Reihe FOTO-REPORTAGEN, in der Bilddokumente zum Zeitgeschehen veröffentlicht werden. Wir beginnen mit Reportagenfotos und kurzen Texten zur Geschichte der Bundesrepublik. Mit Bildern aus dem politischen Geschehen, mit Fotos von den Politikern, die maßgebend die Entwicklung der jungen Republik bestimmt haben, aber auch mit Fotos, die das Lebensgefühl der vergangenen vier Jahrzehnte widerspiegeln. Bilder von Nissenhütten, jenen Wellblechbehausungen, in denen viele Menschen leben mußten, weil sie sonst kein Obdach hatten. Vom Kabinenroller, jenem denkwürdigen Auto, das einer Flugzeugkanzel nachgebaut war. Von den ersten Nylonstrümpfen und den ersten Arbeiterprotesten, von den 68er Demonstrationen der Studentenbewegung und den mörderischen Protestaktionen der RAF, von olympischen Siegen und den Niederlagen der Umweltschützer, von Aufrüstung und Friedensbewegung. Diese Fotos geben die Stimmung der Zeit wieder – als präzise Dokumente der historischen Ereignisse. Wir beginnen mit einer Chronik der Bundesrepublik und setzen die Reihe fort mit der anderen deutschen Republik, der DDR. Auch dies eine Chronik in Bildern. Auch dies eine Bildergalerie unserer jüngsten Geschichte.

DIE REDAKTION

Die Trümmerdeutschen: Vor dem Wiederaufbau mußten die Ruinen abgerissen werden

Die Aufbauphase der jungen Republik dauerte von 1949 bis 1961. Sie stand im Zeichen Konrad Adenauers, der die Bindung an den Westen durchsetzte. Das „Wirtschaftswunder" gab den Deutschen wieder Selbstvertrauen

Aufbau

Am Anfang herrschte Orientierungslosigkeit. Hatte an der Schwelle zu den 50er Jahren die „Stunde Null" geschlagen, ging es bei der angestrebten Überwindung der Kriegs- und Nachkriegswirren um einen „Neuanfang", um „Wiederaufbau", „Normalisierung", gar um „Modernisierung"? Oder dienten die Anstrengungen, den Schutt der Hitler-Diktatur wegzuräumen, am Ende nur der „Rekonstruktion", der „Restauration" des alten Reichs, wenn auch ohne Nazis? Die Liste der Begriffe, mit denen je nach politischer Sicht und historischer Überzeugung diese Zeitspanne und die Gründerjahre der Bundesrepublik charakterisiert wurden, ist lang – ein deutliches Zeichen für die tiefe Unsicherheit und Ratlosigkeit, von der die Deutschen nach dem totalen Zusammenbruch erfaßt worden waren.

Bei ihrer Gründung im Mai 1949 war die Bundesrepublik eine Gesellschaft von Bürgern, denen der Boden unter den Füßen weggezogen war, die sich völlig neu einrichten mußten und die nach den Bombennächten, den Hungerrationen und Stromabschaltungen – also der materiellen Not der Kriegs- und Nachkriegsjahre – ein ausgeprägtes Bedürfnis nach Sicherheit und Stabilität hatten. So verwundert es nicht, daß, jedenfalls in einem Punkt, trotz kriegsbedingter Umwälzungen Kontinuität gewahrt wurde – in der Bereitschaft der Bevölkerung, das kapitalistische Wirtschaftssystem jedem anderen vorzuziehen.

Auf diese Einstellung konnte der CDU-Vorsitzende Konrad Adenauer bauen, als er nach der äußerst knapp gegen die SPD gewonnenen Bundestagswahl (August 1949) vier Wochen später von der bürgerlichen Koalitionsmehrheit zum ersten Bundeskanzler gewählt wurde. Gemeinsam mit seinem Wirtschaftsminister Ludwig Erhard setzte er gegen starke Widerstände der parlamentarischen Opposition die freie Marktwirtschaft durch und schuf damit die Basis für den späteren beispiellosen ökonomischen Aufstieg der Bundesrepublik.

Erhard vertraute der unternehmerischen Freiheit und mißtraute jeder staatlichen Einflußnahme. Von Finanzspritzen zur Stimulierung der Nachfrage hielt er ebenso wenig wie von staatlichen Beschäftigungsprogrammen. Dieser Kurs war zeitweise heftig um-

„Papa" Heuss, mit bürgerlichem Vornamen Theodor, war der erste Präsident der Bundesrepublik. Der Freidemokrat genoß hohes Ansehen im In- und Ausland. Nach der Wahl zum Bundespräsidenten gab er den Bundesvorsitz der FDP ab. Im Sommer 1952 erklärte er die dritte Strophe des Deutschlandliedes zur Nationalhymne

stiften, setzte er doch voraus, daß soziale Härten und Ungerechtigkeiten, jedenfalls vorübergehend, hingenommen wurden.
Doch ohne Mut zum Wagnis wäre das Experiment Marktwirtschaft zum Scheitern verurteilt gewesen. Erhard hatte Mut und das nötige Glück. Nur die westlichen Besatzungsmächte konnten einen so einschneidenden Beschluß durchsetzen wie die Währungsreform 1948. Der inflatorische Geldüberhang aus der Kriegs- und Nachkriegszeit war mit einem Schlag beseitigt. Sofort danach erholte sich die Wirtschaft, verlangsamte aber ihr Expansionstempo nach 1949 spürbar. Die Arbeitslosenzahlen stiegen von 1,2 Millionen im September 1949 auf knapp unter 2 Millionen im Februar 1950. Überall fehlte es an Kapital. Bremsend wirkten zudem die alliierten Produktionsbeschränkungen und die Unsicherheit, ob die Grundstoffindustrien nicht doch verstaatlicht würden.
Mit Abschreibungserleichterungen als Anreize für Investitionen und mit großzügigen Steuersenkungen für Selbständige versuchte Erhard, die Wirtschaft anzukurbeln. Doch trotz solcher Vergünstigungen kam sie nur langsam auf Touren. Die Durststrecke ging erst zu Ende, als der Korea-Boom voll durchschlug. Der im Juni 1950 ausgebrochene Korea-Krieg hatte alsbald zu einem weltweiten Investitionsschub geführt, von dem ganz besonders die deutsche Exportwirtschaft profitierte.
Seit 1952 entwickelte sich die westdeutsche Handelsbilanz positiv. Die Wirtschaft steigerte ihre Wachstumsraten von Jahr zu Jahr, die Arbeitslosigkeit konnte abgebaut werden. In der Zeit von 1950 bis 1960 verdreifachte sich das Bruttosozialprodukt; mit einem durchschnittlichen Jahreszuwachs von 7,8 Prozent war dies westeuropäischer Rekord. Ludwig Erhards Experiment war gelungen, zu Recht durfte er sich als „Vater des Wirtschaftswunders" feiern lassen.
Sogar von den Gewerkschaften. Denn die zunächst von der Marktwirtschaft hervorgerufenen sozialen Härten konnten schon bald gemildert werden. Seit 1950 wuchsen die Löhne und Gehälter um durchschnittlich 5 Prozent im Jahr – bis zum Ende der „Ära Adenauer" Anfang der 60er Jahre hatten sich die Reallöhne fast verdoppelt. Die nach dem Kriege lange Zeit prekäre Wohnungssituation verbesserte sich nach 1950 rasch.
Der Bau von etwa drei Millionen Sozialwohnungen

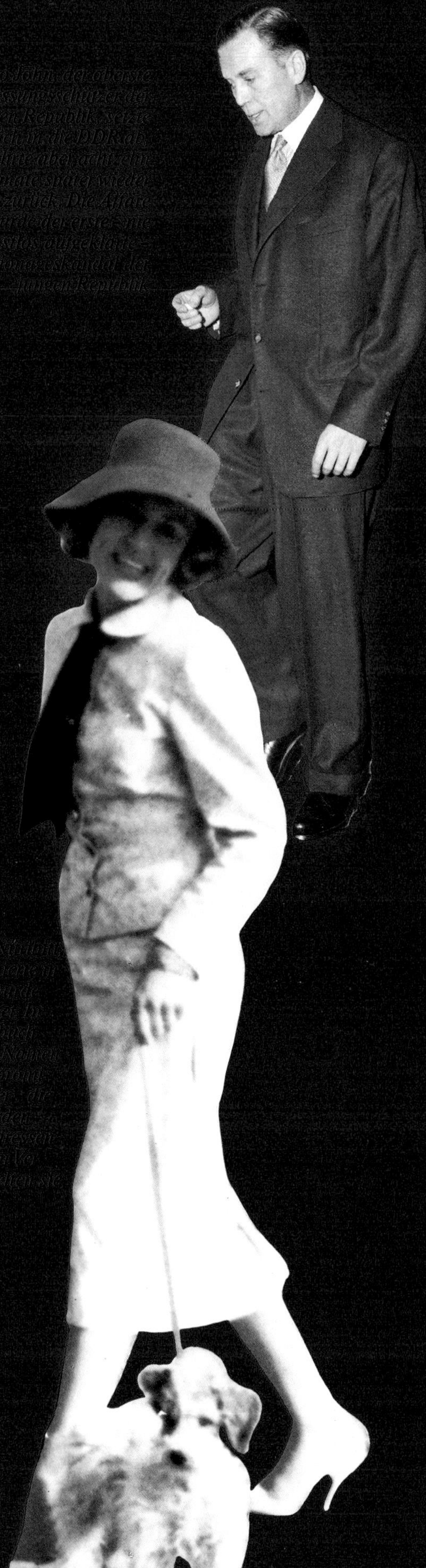

Otto John, der oberste Verfassungsschützer der jungen Republik, setzte sich in die DDR ab. Kehrte aber achtzehn Monate später wieder zurück. Die Affäre wurde der erste – nie restlos aufgeklärte – Spionageskandal der jungen Republik.

Rosemarie Nitribitt, Edelprostituierte in Frankfurt, wurde 1957 ermordet. In ihrem Notizbuch standen die Namen zahlreicher prominenter Bürger – die Polizeibehörden zogen die Adressenliste aus dem Verkehr und hielten sie geheim.

ermöglichte es zahlreichen Arbeiterfamilien, erstmals in Wohnungen mit getrennten Schlafräumen für Eltern und Kinder zu leben. Schließlich trugen die Dynamisierung der Renten, die Lohnfortzahlung im Krankheitsfall und die nach 1956/57 einsetzende Arbeitszeitverkürzung entscheidend dazu bei, die Lebensverhältnisse nachhaltig zu verbessern und vielen Bürgern die Existenzangst vor Alter und Krankheit zu nehmen.
Erhard hätte allerdings die Marktwirtschaft nicht so rasch und umfassend durchsetzen können, wenn ihm dabei nicht ideale weltwirtschaftliche Rahmenbedingungen zu Hilfe gekommen wären. Sein Konzept des Neoliberalismus deckte sich mit den ordnungspolitischen Vorstellungen vor allem der führenden Wirtschaftsmacht Amerika und traf weltweit auf die Überzeugung, der Außenhandel müsse von protektionistischen Fesseln befreit werden, wenn er zu einer Aufschwungphase führen solle.
Doch die Übereinstimmung im Geiste hätte wenig bewirkt, hätte die Adenauer-Regierung nicht schon bald nach ihrer Amtseinführung eine klare Präferenz für die Kooperation mit den USA, überhaupt mit dem Westen, signalisiert. Die rasante Wohlstandssteigerung hängt eng mit der Westorientierung der Bundesrepublik zusammen, die Konrad Adenauer von Anfang an wollte und die er, bedingt durch den inzwischen ausgebrochenen kalten Krieg zwischen den USA und der Sowjetunion, schließlich auch durchsetzen konnte – gegen massiven Widerstand in der Bevölkerung, insbesondere bei den Sozialdemokraten, die in der Westintegration einen Verrat am Ziel der deutschen Einheit sahen und das Risiko einer wahrscheinlichen Wiederaufrüstung nicht eingehen wollten.
Adenauer war davon überzeugt, daß die nach den bitteren Erfahrungen und Erlebnissen der Jahre 1914 bis 1949 zutiefst verunsicherten Deutschen allein „in der Gemeinschaft der freien Völker des Westens erneut zu einem dynamischen Gleichgewicht finden konnten", so der Historiker Hans-Peter Schwarz. Frei und international geachtet, sicher und ökonomisch erfolgreich im Bündnis mit den westlichen Alliierten – das war Adenauers außenpolitisches Credo.
Um die Westbindung den – nicht zuletzt wegen der deutschen Teilung zögernden – Bürgern schmackhaft zu machen, beschwor er den angeblichen Expansionsdrang der Sowjetunion nach Westen – eine

Ludwig Erhard, der Vater des Wirtschaftswunders, war berühmt für seine guten Zigarren. Sein politischer Aufstieg begann, als er 1948 die Währungsreform organisierte. Als Wirtschaftsminister im Kabinett Adenauer und Kanzler nach dessen Abdankung galt Erhard vielen Deutschen als Garant des neuen Wohlstandes. Er war ein unerbittlicher Verfechter der freien Marktwirtschaft.

Leinwandhelden der fünfziger Jahre: Heinz Rühmann und Curd Jürgens

Gustaf Gründgens in seiner Parade-Rolle als Mephisto. Die Filmaufzeichnung der Inszenierung läuft noch heute in den Kinos. Der Schauspieler führte in den fünfziger Jahren als Intendant das Düsseldorfer, danach das Hamburger Schauspielhaus.

Mit dem Schlager „Regentropfen, die an mein Fenster klopfen" war er in Berlin berühmt geworden. In den vierziger Jahren besang er die „Capri-Fischer", später fragte er elegisch „Hörst du mein heimliches Rufen". Rudi Schuricke war die Schmacht-Stimme der Nachkriegszeit, gefeiert auf allen Unterhaltungsbühnen

Behauptung, die Moskaus Kremlherr Stalin provoziert hatte. Denn seit 1940 hatte die Sowjetunion acht bis dahin unabhängige Staaten ihrer Gewalt unterworfen: Estland, Litauen, Lettland, Polen, Ungarn, Tschechoslowakei, Rumänien, Bulgarien und einen Teil des früheren Deutschen Reiches, die Sowjetische Besatzungszone (SBZ).

Trotz dieser Tatsachen war die von Adenauer und den bürgerlichen Parteien mit Verve vertretene These, Stalin strebe mit allen Mitteln ein kommunistisches Gesamtdeutschland an, doch anfechtbar. Ebenso wie die eilfertig verbreitete Version, die westalliierten Siegermächte warteten nur darauf, West-Deutschland in ihre Arme schließen zu können. So einfach stellte sich die deutsche Frage bei Gründung der Bundesrepublik nicht.

Lange Zeit war selbst den Siegern nicht klar, wie Deutschlands Zukunft aussehen sollte. Starke Bedenken, die Deutschen wieder in die Unabhängigkeit eines souveränen Nationalstaates zu entlassen, trafen sich mit dem Bestreben der Amerikaner wie der Sowjets, der Engländer wie der Franzosen, eine neue deutsche Aggression auf Dauer unmöglich zu machen. Das Beispiel Erster Weltkrieg schreckte.

Da gab es Pläne, Deutschland zu zerstückeln, in Kleinstaaten aufzuteilen, die nur deshalb verworfen wurden, weil die Siegermächte fürchteten, ein Machtvakuum in der Mitte Europas könne der jeweiligen Gegenseite im Ost-West-Konflikt einen Vorteil verschaffen. Dann wurde an eine gemeinsame Vier-Mächte-Kontrolle Deutschlands gedacht. Vor allem Stalin unterstützte diese Idee nachdrücklich. Doch der schleichende Zerfall der Sieger-Koalition im beginnenden kalten Krieg ließ auch dieses Modell scheitern.

Erst jetzt und nur zögernd setzte sich der Gedanke durch, zwei deutsche Staaten zu schaffen. Die Zurückhaltung der Alliierten war verständlich: Das Zwei-Staaten-Modell brachte erhebliche Nachteile und Ungewißheiten mit sich. Die USA, die sich eigentlich militärisch aus Europa zurückziehen wollten, mußten sich mit einem dauerhaften Engagement auf dem alten Kontinent anfreunden. Die Sowjetunion sah sich unvermittelt einem gigantischen Militärblock an ihrer Westgrenze konfrontiert – mit der Wahrscheinlichkeit, daß der Westen dadurch im kalten Krieg ein Übergewicht erzielen werde. Die Europäer mußten im Zuge der militärischen Blockbildung eine Einschränkung ihrer Unabhängigkeit

durch die Supermächte und obendrein auch noch den Wiederaufstieg der ungeliebten Deutschen hinnehmen, deren Wiederbewaffnung bald nur noch eine Frage der Zeit war.
Besonders Stalin mochte sich mit dieser Entwicklung nicht abfinden. Er versuchte mit allen Mitteln gegenzusteuern: Als auch die Blockade Berlins die Gründung der Bundesrepublik nicht verhindern konnte, trat er wiederholt für die Neutralisierung der beiden deutschen Staaten ein. Zuletzt in seiner berühmten Note von 1952, in der er den drei Westmächten vorschlug, unter Beteiligung einer „gesamtdeutschen Regierung“ Verhandlungen über den Abschluß eines Friedensvertrages mit einem neutralen Deutschland aufzunehmen.
Doch die Westmächte blieben reserviert. Maßgeblich beeinflußt von Adenauer, der den Sowjets tief mißtraute und der deshalb die eingeleitete Westbindung auf keinen Fall aufgeben wollte, erklärten die Westalliierten den Moskauer Vorschlag für nicht ernst gemeint; bestenfalls sei er eine Finte.
Die Sozialdemokraten dagegen warfen Adenauer und den Verbündeten vor, eine „historische Chance für die Wiedervereinigung verpaßt zu haben“.
Die Westintegration der Bundesrepublik war nun nicht mehr aufzuhalten. Ihren ersten Höhepunkt fand sie in den „Pariser Verträgen“ 1954 (Aufhebung des Besatzungsstatuts, Aufstellung der Bundeswehr im Rahmen der NATO) sowie der Eingliederung des Saarlandes und der Bildung der Europäischen Wirtschaftsgemeinschaft (EWG) 1957.
Zu diesem Zeitpunkt hatten die Bundesbürger ihren Frieden mit der Zwei-Staaten-Lösung und ihren Folgen, der Wiederaufrüstung, geschlossen. Daß Adenauer sich am Ende durchgesetzt hatte, verdankte er seiner Hartnäckigkeit und Energie, aber auch dem Korea-Krieg, der die latenten Ängste der Bürger vor der Eroberungssucht der sowjetischen Herrscher neu belebte. In der Bundestagswahl von 1953 erhielt der Kanzler eine klare Mehrheit. Und vier Jahre später errang er sogar einen Triumph. Zum ersten und bislang zum einzigen Male erhielt seine Partei, die CDU/CSU, die absolute Mehrheit im Bundestag. Adenauer stand im Zenit seines Ansehens und seiner Macht. Wenige Jahre später begann die Kanzlerdämmerung.

Peter Frankenfeld war der erste Star des deutschen Fernsehens: als Entertainer, Conférencier und Showmaster war er lange Zeit der Deutschen liebster Bildschirm-Akteur. Bekannt wurde er durch die Quiz-Sendung „1 : 0 für Sie“, in der er mit einer großkarierten Jacke auftrat. Sie wurde sein Markenzeichen. Insgesamt hat Frankenfeld mehr als 1500 TV-Sendungen gemacht – darunter die „Aktion Sorgenkind“.

Ein deutsches Liebespaar: Ruth Leuwerik und O. W. Fischer in dem Film „Ein Herz spielt falsch“

Als Gärtner von Rhöndorf zeigte sich Konrad Adenauer gern: Im Garten seines Hauses bei Königswinter baute er eigenhändig eine Terrassenmauer

Ein Grundstein wird gelegt

Faust-Ballett „Abraxas" von Werner Egk: Wegen „Gefährdung der öffentlichen Moral" wurde die Aufführung in München verboten

Es schien ein gutes Jahr zu werden, dieses 1949. Die Menschen atmeten auf. Es würde keinen Krieg um Berlin geben. In New York war ein Viermächteabkommen unterzeichnet worden.

Am 12. Mai 1949 um null Uhr flammten in Westberlin die Lichter wieder auf. Die Schlagbäume an der Zonengrenze hoben sich. Die „Blockade" war zu Ende. Ausgelöst hatte sie die Einführung der D-Mark in Westberlin. Eine Luftbrücke mit 279114 Flügen hatte die Stadt mit Lebensmitteln und Kohle versorgt: eine technische Meisterleistung, aber auch eine militärische Demonstration der USA gegen die Russen. Das war nun vorbei. Aber vorbei war auch die Hoffnung auf eine baldige Wiedervereinigung. Am 23. Mai 1949 wurde in Bonn das Grundgesetz für die Bundesrepublik verkündet. Eine Woche später beschloß der Deutsche Volksrat die Verfassung für die Deutsche Demokratische Republik.

Amerika fütterte die westdeutsche Wirtschaft mit Krediten. Der „Buckel-Ford" kam auf den Markt. In Wolfsburg wurde der fünfzigtausendste VW-Käfer produziert. Am 14. August 1949 gingen die Westdeutschen das erste Mal zu einer Bundestagswahl: Die CDU wurde mit 139 Sitzen stärkste Partei, die SPD erhielt 131 Sitze, die FDP 52. Noch gab es 15 Kommunisten im Bundestag. 164 der Bundestagsabgeordneten waren ehemalige Nazis. Waren sie für die Demokratie geeignet?

Nissenhütten und kalter Krieg

Nie wieder sollte in Deutschland der Staat das Recht haben, Menschen zu töten: Der Bundestag lehnte den Antrag auf Wiedereinführung der Todesstrafe mit großer Mehrheit ab. Gleichzeitig forderte Bundeskanzler Adenauer die „Wiederaufrüstung" der BRD. In einem Memorandum vom 29. August 1950 erklärte er, die „Ostzonenregierung" plane noch „im Laufe dieses Herbstes" die „Befreiung Berlins" und wolle dies dann „mit Aktionen der Volkspolizei gegen die Bundesrepublik fortsetzen". Sein Memorandum kam wie bestellt: Am 18. September 1950 beschloß die Außenministerkonferenz der Westmächte in New York einen westdeutschen „Wehrbeitrag".
Auch das Nationalgefühl wurde gestärkt: Auf einer Wahlversammlung in Westberlin stimmte Konrad Adenauer das verbotene Deutschland-Lied an. Zweitausend CDU-Anhänger sprangen auf und sangen mit. Die konsternierten Beobachter der westlichen Besatzungsmächte blieben aus Protest sitzen. Im Bundeskanzleramt wurde

Noch immer wurden Fabriken demontiert: Es kam zu Widerstand und Verhaftungen

Hans Globke als Ministerialdirektor und bald darauf als Staatssekretär installiert. Der Mann, der Hitlers Judengesetzgebung mitgeschaffen hatte, wurde zum höchsten Beamten der Bundesrepublik. Die Bundesbürger nahmen dies nicht ohne Murren hin. Am 1. Mai entfallen die letzten Lebensmittelrationierungen. Über die Laufstege cleverer Werbeveranstalter liefen die ersten deutschen Mädchen in ihren Badeanzügen, um Miss World zu werden. In Lindau verjubelten die ersten wohlhabenden Deutschen ihre D-Mark im Spielcasino.

Mit Wellblechbaracken, den „Nissenhütten" (genannt nach der buckelförmigen Läusebrut, den Nissen), halfen die Engländer den ausgebombten Hamburgern. Diese Notquartiere gab es in vielen deutschen Städten

Das fanden die Männer scharf: Eine Strumpffabrik in München kreierte den „Wettbewerb der schönsten Beine", um den Verkauf anzuheizen

Ein Volk macht sich auf die Beine

In Hannover eröffnete Bundespräsident Theodor Heuss die erste Nachkriegs-Industriemesse. Aber noch bedeutender für die Entwicklung der Auto-Gesellschaft war die Eröffnung der ersten Internationalen Automobilausstellung in Frankfurt. Den „Leukoplastbomber" LP 300 Lloyd sah man immer häufiger auf den Straßen. Noch gab es keine Massen-Karambolagen.

Eine Reisewelle überschwemmte das Land. Am 1. August 1951 beklagte die „Frankfurter Allgemeine Zeitung" das Aussterben eines früher typisch deutschen Menschen, des Wanderers: „Die Hotels auf der Schwarzwaldhöhe ... sind in diesen Sommermonaten voll besetzt ... Man fährt mit Autobussen bequem auf die Höhe, steigt aus und nimmt in Minuten das großartige Bild der Höhenzüge ... auf ... Eine Figur ist so gut wie ganz aus dem betriebsamen Ferienbild des Gebirgs verschwunden, der Wanderer ... Ach, die lieben Deutschen sind ein unromantisches Volk geworden." Dabei vergaß der Berichterstatter,

Das Wirtschaftswunder lief an: VW-Produktion in Wolfsburg

daß gleichzeitig eine neue Bewegung begann: Ferien mit Auto und Zelt, später mit dem Camping-Anhänger.

Nylonstrümpfe kamen aus Amerika in die Bundesrepublik, eine Sensation. Und bald gab es Röcke, Hemden, Socken, Schlipse, Anzüge aus Nylon. Zum erstenmal huschte eine nackte Frau über die Leinwand: „Die Sünderin" Hildegard Knef. Eine Aufregung, als sei der Papst beim Küssen gesehen worden. Das erste Mickymaus-Heft erschien.

In Karlsruhe nimmt am 28. September das höchste westdeutsche Gericht, das Bundesverfassungsgericht, seine Arbeit auf.

1952

Das Programm wird sichtbar

Am 10. März kam eine bedeutende Nachricht aus Moskau: Stalin schlug die Wiedervereinigung Deutschlands vor. Bedingung: Deutschland dürfe sich keinem Militärbündnis anschließen, das gegen ehemalige Kriegsgegner gerichtet sei. Die wiedervereinigten Deutschen müßten neutral sein. Doch Bundeskanzler Adenauer lehnte ab, weil „unter keinen Umständen eine Verzögerung im Aufbau der westlichen Verteidigung zugelassen werden" dürfe. Am 26. Mai unterschrieb er den „Generalvertrag". Die BRD erhielt eine beschränkte Souveränität - im Tausch gegen die Verpflichtung, sich an der Europäischen Verteidigungsgemeinschaft zu beteiligen.

FAHNDUNG GROSSE DREI FUNKER BANDITEN

30000-DM-Bild-Wettbewerb

Grenze bei Helmstedt wird gesichert!

10 Pfg

Bild

ZEITUNG

10 Pfennig kostete die neue „Bild"-Zeitung

Zum erstenmal erschien „Bild" am Kiosk. Mit ihren aufputschenden Schlagzeilen und emotional gefärbten Berichten war die Zeitung für die nächsten Jahrzehnte die wichtigste Quelle von Vorurteilen.
Auf der Kunststoffmesse in Düsseldorf wurden die ersten Möbel aus Plastikmaterial gezeigt.
Ein großes Ereignis für die Zukunft: Weihnachten 1952 eröffnete der Nordwestdeutsche Rundfunk Hamburg (NWDR) den Sendebetrieb. Damals waren etwa 1000 Apparate angemeldet.

Fernsehen war damals noch keine Privatsache. Im Stadtpark Schöneberg in Westberlin gab es eine öffentliche Fernseh-Schau für die, die keinen Apparat besaßen

Freiheit und Gleichberechtigung

Stapellauf in Hamburg: „Tina Onassis", mit 45 720 t damals der größte Tanker der Welt

Potsdamer Platz, 17. Juni 1953, nachmittags. Die Arbeiter in Ostberlin demonstrieren gegen das Regime der DDR. Die sowjetische Besatzungsarmee setzt Panzer zur Wiederherstellung der Ruhe ein

„Männer und Frauen sind gleichberechtigt. Niemand darf wegen seines Geschlechtes... benachteiligt oder bevorzugt werden." Diese Regelung des Grundgesetzes galt seit dem 1. April 1953 auch für das bürgerliche Recht. Doch die Benachteiligung der Frauen blieb. Sie bekamen weiter schlechteren Lohn („Leichtlohngruppen"), hatten kaum Zugang zu höheren Positionen in Industrie, Wirtschaft, Behörden und Politik.

Im Londoner Schuldenabkommen anerkannte die Bundesrepublik Vorkriegsschulden in Höhe von vierzehn Milliarden Mark.

Am 16. Juni protestierten Ostberliner Bauarbeiter in der Stalinallee gegen zu hohe Arbeits-Normen. Der Protest weitete sich am nächsten Tag auf die ganze DDR aus. Die sowjetische Besatzungsarmee schlug den Aufstand mit Panzern nieder.

Der erste große Fernseh-Hit mit Millionen Zuschauern lief am 2. Juni 1953: Die Krönung von Elizabeth II. zur Königin von England. Die stundenlange Übertragung hemmte das Arbeitsleben nicht nur in der BRD.

Am 27. Juli 1953 wurde der Waffenstillstands-Vertrag zwischen Nord- und Südkorea unterzeichnet. Drei Jahre hatte dieser blutige Krieg gedauert, der die Gefahr eines 3. Weltkrieges heraufbeschworen hatte und die öffentliche Meinung in der Bundesrepublik gegen die Kommunisten und für die Aufrüstung mobilisierte.

Am Ende des Jahres fuhren eine Million Autos auf den Straßen der BRD.

1954

Immer kräftig am Ball

Die kleinen Freuden und Leiden, fast wie im täglichen Leben, zeigte das Fernsehen in seiner beliebtesten Serie „Familie Schölermann", die in 111 Folgen zwischen 1954 und 1960 lief.
Am 20. Juli floh der oberste Verfassungsschützer der BRD, Otto John, in die DDR. Die Behörden sprachen von „Verschleppung", doch als er später – als angehender Pensionär – zurückkehrte, verurteilten sie ihn wegen Geheimnisverrats. „Papa Heuss" wurde erneut zum Bundespräsidenten gewählt.
In Berlin war die Außenminister-Konferenz der vier Mächte (25. Januar bis 18. Februar) ohne Ergebnis zu Ende gegangen. Der sowjetische Vorschlag zur Bildung einer provisorischen gesamtdeutschen Regierung aus Vertretern des Bundestages und der Volkskammer war als „Propaganda" abgelehnt worden. Und als Propaganda wurde auch die Moskauer Erklärung

Radler-Demonstration gegen die Remilitarisierung

vom 25. März 1954 eingestuft, die Sowjetregierung werde nun mit der DDR die „gleichen Beziehungen wie mit anderen souveränen Staaten" unterhalten. Adenauer antwortete darauf mit der Wiederholung des alten Standpunktes: Bonn allein vertrete Deutschland.
Die Bundesrepublik erlebte die ersten großen Streiks: 13 000 Kommunalarbeiter streikten in Hamburg acht Tage lang. Und in Bayern streikten 100 000 Metallarbeiter drei Wochen. Noch wurde pro Woche durchschnittlich 49,5 Stunden gearbeitet.

Wie ein Staatsbesuch wurden die Fußballer der Nationalmannschaft am 6. Juli in München empfangen, als sie nach ihrem Weltmeisterschaftssieg aus Bern zurückkehrten. Die Bundesdeutschen hatten im Endspiel die Ungarn mit 3:2 Toren besiegt

Der Dank des Vaterlandes

Am 1. April startete in Hamburg die erste Lufthansa-Linienmaschine. Die Convair CV-340, eine zweimotorige Propellermaschine, flog in vier Stunden über Düsseldorf und Frankfurt nach München. Am 8. September landeten zwei Sondermaschinen der Lufthansa in Moskau: Adenauer und seine Regierungsdelegation kamen zu Verhandlungen mit der Sowjet-Regierung. Sie vereinbarten die Aufnahme diplomatischer Beziehungen und die Rückkehr der letzten deutschen Kriegsgefangenen.

Am 27. Februar hatte der Bundestag die „Pariser Verträge" über die Integration westdeutscher Militärverbände in ein westeuropäisches Verteidigungssystem unter amerikanischer Führung ratifiziert. Die DDR hatte gewarnt, daß dies im Osten nicht ohne Folgen bleiben werde. Der Warschauer Pakt zeichnete sich ab. Am 9. Mai 1955 wurde die Bundesrepublik NATO-Mitglied.

In Kassel wurde die Kunstausstellung „documenta" eröffnet. In den westdeutschen Kinos lief der amerikanische Film „Saat der Gewalt" mit der Musik von Bill Haley. Für die Gefühlvolleren unter den

Die alten Kämpfer marschieren wieder auf: der „Stahlhelm" unter der „Reichs-Kriegsflagge" in Erlangen

Kinogängern gab es die Premiere von „Sissi" mit Romy Schneider.

Die Unzufriedenheit der Jugendlichen mit dem Staat führte zu ersten Unruhen und zu der Wortschöpfung „Halbstarke". Die weiblichen Teenager trugen Pettycoats und Pfennigabsätze.

In diesem Jahr gaben die Bundesdeutschen zwölf Milliarden Mark für Alkohol und Zigaretten aus. Und das bei einem durchschnittlichen Brutto-Einkommen von monatlich 377 Mark.

Wie ein Kirchenfürst wurde Konrad Adenauer oft von älteren, vor allem gläubigen Menschen begrüßt – wie hier in Köln

Auf nach Andernach
Pril

Wer will unter die Soldaten?

Als „deutscher Michel" mit Zipfelmütze demonstrieren Männer im wehrpflichtigen Alter gegen die Wiederbewaffnung, gegen den Verteidigungsminister Theodor Blank und die erste Bundeswehr-Garnison in Andernach

Der Chirurg Werner Forßmann erhält für seine Arbeit zur Entwicklung des Herz-Katheters den Nobelpreis

In Andernach war die erste Garnison der Bundeswehr angetreten, um von Adenauer begrüßt zu werden. Ein Mann namens Hans Speidel machte die Meldung – früher war er Hitlers General. Elf Jahre waren vergangen seit der Befreiung vom Nationalsozialismus. Und der künftige Verteidigungsminister Franz Josef Strauß hatte damals gesagt: Die Hand solle abfallen, die noch einmal ein Gewehr ergreift...
In der Bundesrepublik wurde am 7. Juli 1956 die allgemeine Wehrpflicht eingeführt, für Männer zwischen 18 und 45 Jahren. Es kam, wie es kommen mußte: Auch in der DDR wurde die Einführung einer „Volksarmee" beschlossen.
Am 17. August verbot das Bundesverfassungsgericht in Karlsruhe nach fünfjährigem Prozeß die Kommunistische Partei. Überall im Bundesgebiet wurden die Büros der KPD besetzt und das Vermögen beschlagnahmt. Wer eine Wiedergutmachung für das Nazi-Unrecht erhalten hatte und immer noch zu den Kommunisten stand, mußte das Geld zurückzahlen.
Vor dem Schöneberger Rathaus in Westberlin demonstrierte eine riesige Menschenmenge gegen die Sowjets, die den ungarischen Aufstand niedergeschlagen hatten. Willy Brandt sprach als Präsident des Berliner Abgeordnetenhauses. Plötzlich ergriff ein Unbekannter das Mikrofon und rief: „Zum Brandenburger Tor!" Die Grenzschilder der DDR wurden verbrannt. Polizei aus Ost und West verhinderte ein Übergreifen nach Ostberlin.
Auf den Straßen der Bundesrepublik starben immer mehr Menschen bei Verkehrsunfällen. In Flensburg wurde deshalb die „Verkehrssünder-Kartei" eingerichtet.

Mit vollen Segeln in den Tod

Die Bundesrepublik war auf dem Wege, eine Wirtschafts-Großmacht zu werden. Nach einem Volksentscheid wurde am 1. Januar 1957 das Saarland an die BRD angeschlossen. Verteidigungsminister Franz Josef Strauß forderte, die europäischen Streitkräfte der NATO – auch die Bundeswehr – mit leichten Atomwaffen auszustatten. Davor warnten am 12. April die „Göttinger Achtzehn" (führende deutsche Atomwissenschaftler) und forderten den freiwilligen Verzicht Deutschlands auf Atomwaffen. Die Regierung Adenauer war anderer Meinung. In Garching bei München wurde ohne große Proteste der Bevölkerung das „Atom-Ei" eingeweiht, der erste Forschungs-Reaktor der BRD.
Nie aufgeklärt wurde der Mord an der Frankfurter Edelnutte Rosemarie Nitribitt. Vor ihrem Notizbuch zitterten viele Prominente. Aber die Staatsanwaltschaft war diskret und stellte das Verfahren ein.
Am 25. März wurde der Vertrag zur Gründung der Europäischen Wirtschaftsgemeinschaft unterzeichnet. EWG sagte man damals und dachte an ein Europa ohne Grenzen. An Milchquoten und Butterberge dachte niemand.
Am 15. September war Bundestagswahl. Die CDU/CSU gewann die absolute Mehrheit mit 50,2 Prozent.

Homburg an der Saar: In der Neujahrsnacht 1956/1957 wurde auf dem Rathaus die Bundesflagge gehißt

Das Segelschulschiff „Pamir" sank am 21. September, als es 600 Seemeilen südwestlich der Azoren in einen Hurrican geriet. Von den 86 Mann Besatzung überlebten nur sechs den Untergang der Viermastbark, die unter vollen Segeln in den Sturm geraten war

Der schnellste Mann der Welt

Der schnellste Mann der Welt: Armin Hary. Am 6. September lief der 1937 im Saarland geborene Sprinter bei einem Leichtathletik-Wettbewerb in Friedrichshafen die 100 m in der neuen Rekordzeit von 10,0 Sekunden. Der Rekord wurde nicht anerkannt, da die Bahn ein um 9 Millimeter zu starkes Gefälle hatte. Am 21. Juni 1960 lief Hary in Zürich zweimal hintereinander 10,0 sec. Der zweite Lauf brachte den neuen Weltrekord. Bei der Olympiade im selben Jahr in Rom gewann Hary über 100 m die Goldmedaille

Plakat des DGB zum 1. Mai: Kampf um die Fünftagewoche

Am 10. März wurde in der Frankfurter Paulskirche von Abgeordneten, Gewerkschaftlern, Wissenschaftlern der Appell „Kampf dem Atomtod" verkündet. Zwei Wochen später verabschiedete die CDU/CSU/DP-Mehrheit im Bundestag eine Entschließung, die Bundeswehr mit Trägerwaffen für Atomsprengköpfe auszurüsten. In vielen Städten kam es zu Demonstrationen. Das Bundesverfassungsgericht verbot Volksbefragungen zu diesem Thema. Franz Josef Strauß erklärte in der Zeitschrift „Das freie Wort": „Der Besitz von Atomwaffen ist eine sittliche Aufgabe, um den unsittlichen Gebrauch dieser Waffen auszuschließen."
Der Atomphysiker Werner Heisenberg stellte seine „Weltformel" vor, mit der sich alle Zustände und Eigenschaften der kleinsten Materie-Teilchen beschreiben lassen. Die US-Regierung schenkte Westberlin eine Kongreßhalle, wegen ihrer rundlichen Form „schwangere Auster" genannt. Durch den „Einsatzgruppenprozeß" in Ulm wurde deutlich, daß viele Nazi-Massenmorde nie verfolgt worden waren. Deshalb wurde in Ludwigsburg die „Zentrale Stelle" zur Aufklärung von NS-Verbrechen gegründet. Ihr Leiter, Erwin Schüle, war selbst Mitglied der NSDAP gewesen.

Ein Land macht mobil

Für literarische Aufregung sorgte „Die Blechtrommel" von Günter Grass. Aus Amerika kamen die Hula-Hoop-Reifen, und nicht nur die Teenies setzten sie mit begeistertem Hüftschwung in Bewegung. Für die Motorbegeisterten schien eine neue Ära anzubrechen. Felix Wankel stellte den Kreiskolben-Motor vor. Doch die Autoindustrie verwendete ihn kaum. Hochaufgetürmte Haare kamen als „Farah-Diba-Frisur" in Mode, benannt nach der zweiten Frau des Schahs von Persien. Das Verteidigungsministerium bestellte in den USA die ersten 96 „Starfighter". Jahre später zeigte sich, wieviel Bestechungsgelder gezahlt wurden und wie unsicher diese Maschine war, die als „Witwenmacher" in die Militärgeschichte einging. In Genf saßen sich Delegationen der BRD und der DDR gegenüber. Sie sollten die Außenminister der vier Mächte beraten. Wieder einmal ging es um Friedensvertrag und Wiedervereinigung – wieder einmal erfolglos.

Heinrich Lübke wurde 1959 zum Bundespräsidenten gewählt

In der Bundesrepublik wurden immer mehr Kinder mit schrecklichen Mißbildungen geboren. Verkümmerte Arme und Beine, oft sind die Hände direkt an den Schultern angewachsen. Aber erst 1961 wird festgestellt, daß das Schlafmittel Contergan, in einer bestimmten Phase der Schwangerschaft eingenommen, der Verursacher ist. Inzwischen sind schon über 5 000 Kinder Opfer geworden.

Den Kabinenroller gab es seit Beginn der 50er Jahre, als spurtschneller „Tiger" kam er aber erst am Ende des Jahrzehnts auf die Straße. Konstrukteur Fritz Fend baute den „Schneewittchensarg" mit dem hochklappbaren Dach zusammen mit dem Flugzeugbauer Messerschmitt – bis der neue Wohlstand auch komfortablere Autos bezahlbar machte

GLOCKNER

1960

Die deutsche Eiszeit

Die Eisprinzessin und ihr Partner: Marika Kilius und Hans Jürgen Bäumler gewannen bei der Winterolympiade in Squaw Valley die Silbermedaille im Paarlaufen. Ab 1958 wurden sie fünfmal hintereinander Europameister, 1963 in Cortina d'Ampezzo Weltmeister

Gegen antijüdische Schmierereien und Verwüstungen auf jüdischen Friedhöfen demonstrierten 10 000 Menschen in Westberlin. Bei den Olympischen Winterspielen in Squaw Valley in Kalifornien startete eine gemeinsame Mannschaft aus BRD und DDR und gewann vier Goldmedaillen.

Die Industrie florierte jetzt so gut, daß sie mit den landeseigenen Arbeitskräften nicht auskam. Deshalb schloß die Bundesrepublik mit südeuropäischen Ländern Verträge über die Zuwanderung von Gastarbeitern. Die Kosten für die Industriearbeiter-Werbung trug der Staat, so wie er zwanzig Jahre später die Kosten für die Rückwanderung der Gastarbeiter trug. Während in den ersten Jahren nach dem Krieg die Verstaatlichung von Industriebetrieben zu den Zielen der großen Parteien gehörte, wurde jetzt umgekehrt ihre Privatisierung zum Programm: Als erstes wurde durch Gesetz das Volkswagenwerk in eine Aktiengesellschaft umgewandelt und 60 Prozent des Kapitals an Private verkauft. Der Bundesminister für Vertriebene, Flüchtlinge und Kriegsgeschädigte, Theodor Oberländer, war – in Abwesenheit – von dem Obersten Gericht der DDR zu lebenslangem Zuchthaus verurteilt worden, weil er 1941 in Lemberg an Erschießungen teilgenommen habe. Die Bundesregierung bezeichnete dies als ein Unrechtsurteil. Trotzdem mußte Oberländer unter dem Druck der Öffentlichkeit von seinem Ministerposten zurücktreten. Die Überfüllung der Universitäten führte zur Einführung einer ersten Zulassungsbeschränkung: An der Universität München wurden Mediziner nur in begrenzter Zahl aufgenommen.

Neuer Vorsitzender der FDP: Ritterkreuzträger Erich Mende (hier mit seiner Frau Margot)

Ein Staat mauert sich ein

Die DDR riegelte ab. Am 13. August wurde erst ein Stacheldraht, später eine Mauer durch Berlin gezogen. Die Grenze zwischen West und Ost ist geschlossen. Nun strömten keine Flüchtlingsmassen mehr nach Westberlin, aber auch keine Schwarzmarktgelder nach Ostberlin. Die DDR-Wirtschaft begann sich zu konsolidieren.
Am 23. August konnte die Welt zusehen, wie die Situation in Berlin fast zum Krieg verschärft wurde. Amerikanische Panzer fuhren zur Friedrichstraße. Ihre geladenen Kanonen richteten sie auf die Grenzwachen im Osten. Sie wollten durchsetzen, daß ihre Soldaten beim Besuch von Ostberlin sich nicht gegenüber DDR-Grenzposten ausweisen müssen. Fünf Tage standen sie dort, dann erschienen auch sowjetische Panzer und richteten ihre Geschütze auf die US-Soldaten. Mehrere Stunden dauerte das Bild des Kriegs-Wahnsinns. Dann zogen beide Seiten ihre Panzer ab.
In Bibione an der italienischen Adriaküste wurde auf dem gelben Sand eine Touristenstadt gebaut: Bibione Pineda. Noch war der Ort auf keiner Karte eingezeichnet. Es gab Wagenwaschanlagen, Minigolfplätze, Selbstbedienungsläden, alles mit deutschen Inschriften versehen. Im Sommer 1961 schwemmte die erste Reisewelle 15 000 Deutsche in diesen Ort.
Am 17. September verlor die CDU/CSU bei den Bundestagswahlen die absolute Mehrheit. Trotzdem wurde Adenauer wieder zum Kanzler gewählt. Erstmals saß nun auch eine Frau in der Regierung: Gesundheitsministerin Elisabeth Schwarzhaupt (CDU).

Die Kinderlähmung verliert ihren Schrekken: Schluckimpfung

August 1961, Sektorengrenze zwischen West- und Ostberlin: Eine Hand mit einer Maurerkelle gibt Mörtel auf die Kunststeinwand. Die Berliner Mauer entsteht

Studentenrevolte 1967: Feierlicher Einzug der Professoren zum Rektoratswechsel. Im Auditorium Maximum in Hamburg verhöhnen die Studenten ihre Lehrer mit einem Transparent

Mit der Wahl John F. Kennedys zum amerikanischen Präsidenten ging die Zeit des kalten Krieges zu Ende, mit dem Bau der Mauer in Berlin waren die deutschen Hoffnungen auf Wiedervereinigung dahin. Die Umbruchphase begann. Erhard und Kiesinger scheiterten als Kanzler, am Ende beherrschte die Studentenbewegung die öffentlichen Debatten. Der Machtwechsel kündigte sich an

Umbruch

Die Umbruchphase der Bundesrepublik begann mit dem Ende der Ära Adenauer. Hatten sich Kanzler und regierende Christdemokraten noch 1957 im Glanze des absoluten Wahltriumphes sonnen können, so erwies sich dieser Erfolg schon bald darauf als Pyrrhussieg. Adenauers Stern sank, als ihn die offenkundigen und von der Opposition immer wieder beschworenen Nachteile der strikten Westbindung einholten.

Die Sowjetunion hatte sich zu keinem Zeitpunkt mit der politischen und militärischen Integration Westdeutschlands in das NATO-Bündnis abgefunden. Mit Dauerschikanen gegen die unter Vier-Mächte-Verantwortung stehende und deshalb besonders gefährdete alte Hauptstadt Berlin setzte Moskau die Westalliierten und die Bundesregierung unter Druck. Höhepunkt der Spannungen war das sogenannte Berlin-Ultimatum Chruschtschows vom November 1958. Der Kremlherr forderte, die alliierten Truppen abzuziehen und Westberlin in eine „Freie Stadt“ umzuwandeln, deren Status von der UNO garantiert werden sollte.

Der rabiate Vorstoß konnte schließlich abgewehrt werden. Dem Westen wie Adenauer war klar, daß eine solche Lösung der Berlin-Frage die Lebenssicherheit der auf DDR-Territorium liegenden und von sowjetischen Truppen umgebenen Stadt nicht gewährleisten konnte. Doch Berlin blieb ein Zankapfel. Dafür sorgte schon der ständige Strom von Flüchtlingen aus der DDR, die den ungehinderten Zugang von Ost- nach Westberlin nutzten, um dem verhaßten SED-Regime den Rücken zu kehren. Angeheizt wurde die latente Spannung noch durch die unverhüllten Lockungen, mit denen die Unionsparteien die Bürger in der DDR anstachelten, in den „freien Westen“ zu fliehen.

Ziel dieser Politik war es, den Zusammenbruch der SED-Herrschaft herbeizuführen – offenbar in der illusionären Hoffnung, die Sowjetunion werde dann ihr Interesse an dem zweiten deutschen Staat verlieren, auf alle Fälle aber relativieren und gesprächsbereit für den Gedanken einer Wiedervereinigung sein. Diese hausgemachte „Politik der Stärke“ erwies sich wenig später als folgenschwerer Irrtum.

War die Annahme schon naiv, Moskau werde den Kollaps einer Satrapen-Regierung zulassen, so war es

Herbert Wehner war von 1958 bis 1973 stellvertretender Vorsitzender der SPD in Bonn. Als Debattenredner im Bundestag war er gefürchtet – und als schlagfertiger, bisweilen beleidigender Zwischenrufer

Die „Blechtrommel" machte ihn 1959 berühmt: Günter Grass, entschiedener Parteigänger und Wahlhelfer der EsPeDe, hatte mit seinem ersten Roman einen Welterfolg.

Heinrich Böll erhielt 1972 den Nobelpreis für Literatur. Seine Kommentare zur politischen Entwicklung in der Bundesrepublik sorgten immer wieder für heftige Diskussionen.

erst recht leichtfertig, darauf zu setzen, der Kreml werde dann einer Wiedervereinigung aufgeschlossener gegenüberstehen. Adenauer und die Union wurden schließlich am 13. August 1961 recht unsanft aus ihren Deutschland-Träumen gerissen.

Der Tag des Mauerbaus in Berlin entlarvte Adenauers Strategie als fatale Politik der Illusionen. Weder war die Sowjetunion bereit, dem Westen Zugeständnisse im eigenen Machtbereich zu machen, noch waren die westlichen Schutzmächte, allen voran die Amerikaner, gewillt, einen unkalkulierbaren, möglicherweise sogar militärischen Konflikt mit den Sowjets zu beginnen. Sie nahmen die willkürliche, das Vier-Mächte-Statut eindeutig verletzende Abtrennung Ostberlins tatenlos hin und begnügten sich mit papiernen Protesten.

Den Bundesbürgern dämmerte nur langsam, welche einschneidenden Folgen dieser 13. August 1961 für die eigene Lage hatte. Mit dem Mauerbau war die bis dahin in weiten Kreisen eher als Provisorium hingenommene Teilung Deutschlands in zwei souveräne Staaten dauerhaft, vielleicht sogar endgültig geworden. Und Kennedys außenpolitischer Kurswechsel machte obendrein deutlich: Die USA akzeptierten das Machtgefüge, das sich in Europa herausgebildet hatte, und wollten auf dieser Basis die Konfrontation mit der Sowjetunion abbauen. Das aber bedeutete für die Bundesrepublik: Am Status quo in Europa sollte und durfte nicht mehr gerüttelt werden. Eine Wiederherstellung Deutschlands in den Grenzen von 1938, Wunschtraum der CDU/CSU, war damit unvorstellbar geworden. Es dauerte freilich noch bis 1969, bevor die sozial-liberale Regierung endlich Konsequenzen aus dieser Erkenntnis zog.

Von seiner außenpolitischen Schlappe konnte sich Konrad Adenauer nicht mehr erholen. Seine Herrschaft bröckelte. Noch 1961 mußte er seinen Parteifreunden schriftlich zusichern, innerhalb der nächsten zwei Jahre abzutreten. Zwischen 1963 und 1966 vollzieht sich das Intermezzo der glücklosen Kanzlerschaft Ludwig Erhards, die von der Großen Koalition (1966 - 1969) abgelöst wird - Wegmarken bei der fortschreitenden Erosion des „CDU-Staates", die in den 50er Jahren niemand für denkbar gehalten hätte. Der Machtzerfall der Unionsparteien war freilich nicht allein die Folge außenpolitischer Pleiten, viel stärker war er wohl das Ergebnis gewandelter Lebensumstände und Verhaltensmuster der Bevöl-

kerung. Der beständig steigende Wohlstand veränderte das Selbstwertgefühl der Bürger, machte sie wohlhabender, unabhängiger, freier, mutiger und fortschrittlicher – zu Lasten des traditionell konservativen Gesellschaftsbildes der CDU/CSU.
Im raschen Industrialisierungsprozeß nahm der konservativ denkende, landwirtschaftlich ausgerichtete Bevölkerungsteil deutlich ab. Die neue Industriearbeitnehmerschaft verlor ihre alten Bindungen an die Unionsparteien, war auch für politische Thesen der SPD ansprechbar.
Der stetige Wirtschaftsboom führte zu einer beträchtlichen Zunahme der Frauenerwerbstätigkeit, und zwar außerhalb der eigenen Wohnung, also nicht über eine vermehrte Heimarbeit. Dieser Prozeß förderte die Emanzipation der Frauen, die sich nicht länger dem offiziellen CDU-Familienklischee unterwerfen wollten, sie seien nur für Küche, Kinder und Kirche zuständig. Sie öffneten sich neuen politischen Strömungen und gaben zunehmend ihre Rolle als treue Mitläufer der Christdemokraten auf.
Die Kirche, vor allem die katholische, in der Adenauer-Zeit ein verläßlicher Partner, verlor stetig an Einfluß. Welchen Kandidaten der Pfarrer vor einem Wahltag von der Kanzel anpries oder welche Partei er mit dem Bannstrahl belegte, ließ immer mehr Bürger kalt.
Das rasante Tempo des technologischen und wirtschaftlichen Wandels legte bald die Schwächen des traditionellen Schulsystems mit seinem hohen Anteil an Volksschulabschlüssen bloß. Die Industrie klagte, sie finde kaum noch den dringend benötigten Nachwuchs, weil die Anforderungen nicht erfüllt würden. Damit begann eine jahrelange Bildungsdiskussion, die mit einer Reform endete, die auch den Kindern einkommensschwacher Schichten den Zugang zu weiterbildenden Schulen öffnete.
Das neue Massenmedium Fernsehen veränderte nachhaltig die öffentliche Darstellung von Politik. Es unterzog Abgeordnete, Minister, Kanzler und Parteifunktionäre in den Wohnstuben der Familien einer permanenten Kontrolle und Kritik, erweiterte mit seinem Informationsangebot aus aller Welt den Horizont der Bürger und verbesserte damit die Fähigkeit zur selbständigen Urteilsfindung.
Eingefleischte, dem preußischen Obrigkeitsstaat entnommene und von der Adenauer-Regierung trotz ihres Bekenntnisses zur Demokratie sorgsam gepflegte Tugenden des Untertanen wie Pflicht und Gehorsam, Unterwerfung und Vertrauen verloren an Kurswert. In Familie, Schule und am Arbeitsplatz änderten sich die Sitten: Eltern, Pädagogen und Lehrherren kommandierten und drillten nicht mehr; versuchten vielmehr durch das eigene Vorbild und durch Überzeugungsarbeit zu erziehen – mit Argumenten, nicht mit Anweisungen.
Tiefe Diener und Knickse vor den Autoritäten wurden seltener, Widerworte respektiert. Hackenknallen und schnarrender Befehlston, jahrzehntelang Erkennungsmerkmal deutscher Schreibstubenherrscher, gehörten weitgehend der Vergangenheit an. Sogar die Polizei, das Symbol staatlicher Gewalt, versuchte ihr Negativimage abzustreifen und sich als Partner des Bürgers zu geben, als sein „Freund und Helfer".
Erst jetzt, viele Jahre nach der Gründung der Bundesrepublik, begannen die Bürger wahrzunehmen, zu begreifen und zu nutzen, was sie bis dahin wegen ihrer nahezu totalen Fixierung auf den Wiederaufbau und das eigene Wohlergehen sträflich vernachlässigt hatten – die demokratischen Mitbestimmungsrechte, die im Grundgesetz verankert und garantiert sind.
Das Bekenntnis zum parlamentarisch-demokratischen Rechtsstaat war das eigentlich Neue, ja Revolutionäre bei der Staatsgründung gewesen. Standen Marktwirtschaft und Westbindung noch in einer unleugbaren Kontinuität zum alten Deutschen Reich (nicht zum Nazi-Regime), so brach das Grundgesetz rigoros mit der Vergangenheit. Die Schwächen der Weimarer Verfassung (Dauerkonflikt Parlament – Reichspräsident) wurden beseitigt; die bösen Erfahrungen mit dem Nationalsozialismus als Auftrag verstanden, jede Wiederholungsgefahr durch unverrückbare Verfassungsnormen auszuschließen.
Der im Grundgesetz niedergelegte Katalog der Menschen- und Grundrechte zieht dem Staat bis heute enge Grenzen. Denn diese Rechte sind in ihrem Kern beziehungsweise in ihrem „Wesensgehalt", wie das Bundesverfassungsgericht formuliert, nicht antastbar. Die klassischen Merkmale einer Demokratie – Informations- und Meinungsfreiheit, Menschenwürde, Pluralität, Kritik, Opposition, Toleranz gegenüber Andersdenkenden, Achtung von Minderheiten, politische Beteiligung – sind zum erstenmal in der deutschen Geschichte mit dem Ziel abgesichert, den Bürger gegen den Staat zu stärken und nicht umgekehrt.
Doch die Bevölkerung brauchte noch Jahre, bevor sie die vielfältigen Möglichkeiten zur Mitsprache

entdeckte, die ihr diese Rechte gaben. Erstmals brachte Ende der 50er Jahre die Anti-Atomtod-Bewegung frischen Wind in das stickige innenpolitische Klima. Jugendverbände, Studentenbünde, Intellektuelle und Gewerkschaftler schlossen sich zusammen, um auf den Straßen (Ostermärsche!) vor Wiederaufrüstung und Atombewaffnung zu warnen.
Wie stark dann doch demokratisches Bewußtsein beim Bürger entwickelt war, zeigte sich im November 1962 in der „Spiegel"-Affäre. Eine kritische Durchleuchtung der Bundeswehr in dem Nachrichtenmagazin („Bedingt abwehrbereit") erregte den Zorn des damaligen Verteidigungsministers Franz Josef Strauß. Er mobilisierte (am zuständigen FDP-Justizminister vorbei) Polizei und Justiz gegen die Redaktion. Adenauer gab ihm Rückendeckung, indem er sich im Parlament zu der Behauptung verstieg, es herrsche ein „Abgrund von Landesverrat". Doch die Demonstration staatlicher Macht und Willkür schlug auf die Regierung zurück. Geharnischter öffentlicher Protest sah das Grundrecht auf Pressefreiheit stranguliert, forderte den Rücktritt von Strauß. Als auch der Koalitionspartner FDP unüberhörbar auf Distanz zur CDU/CSU ging, lenkte Adenauer ein. Strauß mußte gehen, Adenauers Autoritätsverlust beschleunigte sich.
Die junge, bis dahin wenig erprobte Demokratie hatte einen Sieg errungen, den sie nicht mehr verspielen wollte. Eine außerparlamentarische Opposition begann sich zu formieren – in ihren politischen Überzeugungen den Sozialdemokraten und dem linksliberalen Flügel der FDP nahestehend. Bindeglied der von Schülern und Studenten, Professoren und Pfarrern, Schriftstellern und Gewerkschaftern getragenen Bewegung war der Kampf gegen die Notstandspläne der Bundesregierung.
Die Notstandsgesetzgebung sollte dem Staat Machtinstrumente zur Abwehr einer „inneren oder äußeren Bedrohung" an die Hand geben. Die Kritiker dagegen befürchteten, mit Hilfe dieser Paragraphen sollten wesentliche Grundrechte aus den Angeln gehoben, zumindest aber drastisch eingeschränkt werden, nicht zuletzt das Streikrecht der Gewerkschaften und die Meinungsfreiheit jedes Bürgers. Denn was war eine „innere Bedrohung"? Zählte dazu schon ein Arbeitskampf? Und wann war eine „äußere Bedrohung" gegeben? Schon dann, wenn sowjetische Truppen ins Manöver zogen, oder erst,

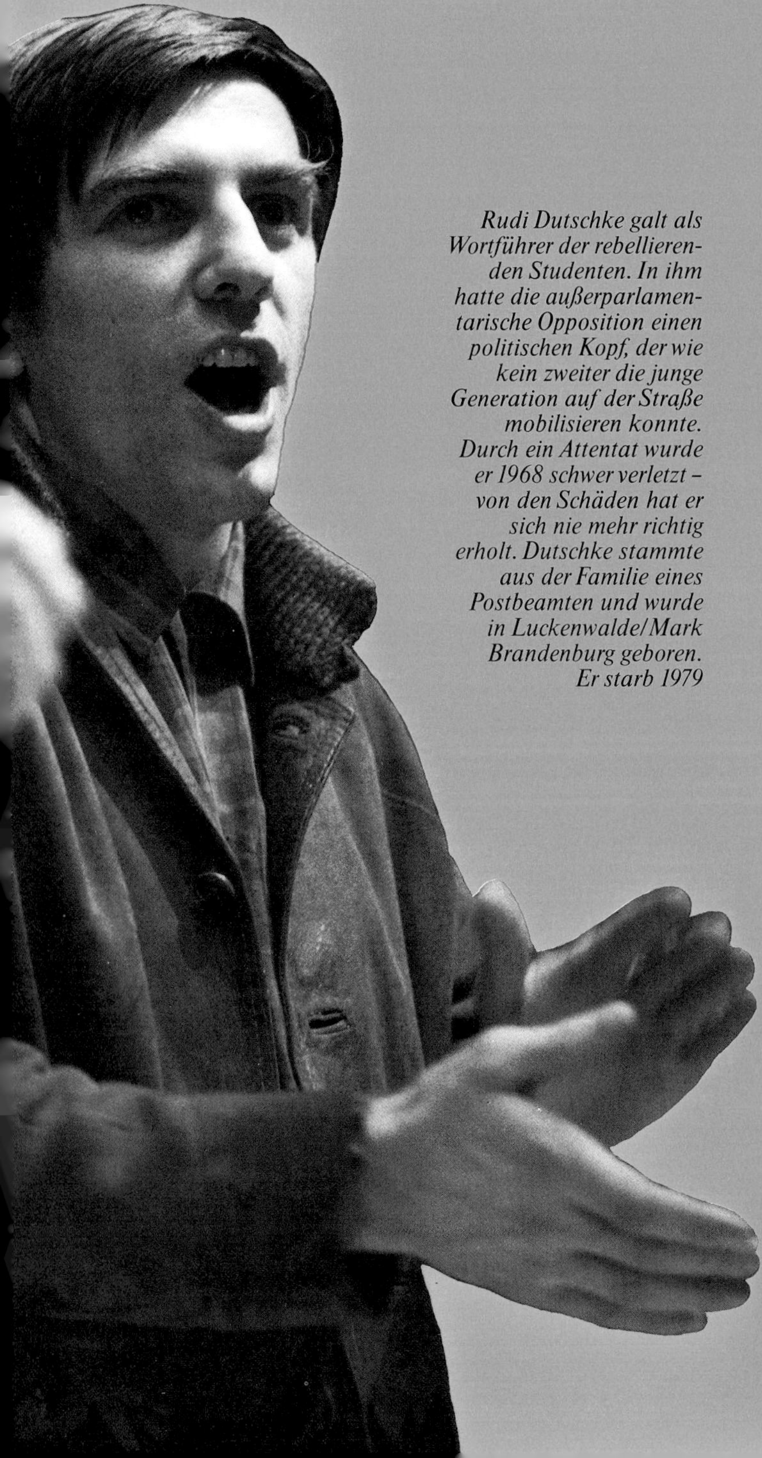

Rudi Dutschke galt als Wortführer der rebellierenden Studenten. In ihm hatte die außerparlamentarische Opposition einen politischen Kopf, der wie kein zweiter die junge Generation auf der Straße mobilisieren konnte. Durch ein Attentat wurde er 1968 schwer verletzt – von den Schäden hat er sich nie mehr richtig erholt. Dutschke stammte aus der Familie eines Postbeamten und wurde in Luckenwalde/Mark Brandenburg geboren. Er starb 1979

wenn sie die Grenzen überschritten? Für die Oppositionsbewegung stand fest: Hier sollte dem Staat eine Blanko-Ermächtigung ausgestellt werden, jederzeit gegen mißliebige Andersdenkende vorgehen zu können. Ihr Argwohn wurde gestärkt, als die CDU und ihr neuer Kanzler Ludwig Erhard das Modell der „formierten Gesellschaft" präsentierten. Das Gedankengebäude war ebenso simpel wie gefährlich konstruiert: Wenn die Bundesrepublik mit anderen Industrienationen mithalten, ihr Wachstum sichern, die Wettbewerbsposition ausbauen und ihren politischen Einfluß vergrößern wollte, dann müßten künftig die Interessengruppen, vor allem die Gewerkschaften, kürzer treten und weniger ihre „egoistischen Interessen" als vielmehr das „Gemeinwohl" im Auge haben. Die Autorität der Bundesregierung müsse gestärkt werden – auch in ihrem Verhältnis zu den Bundesländern. Eingriffe in das Grundgesetz seien deshalb geboten.
Ein Proteststurm brach los. Die CDU nahm von dieser Idee Abschied. Auch der Kampf gegen die Notstandsgesetze verlief erfolgreich. Zwar konnten die Gesetze nicht völlig verhindert werden, sie wurden aber so verändert, daß die Grundrechte geschützt blieben, die Mißbrauchsgefahr eingedämmt war.
Die Große Koalition schürte das Unbehagen. Die außerparlamentarische Opposition (abgekürzt APO) wuchs zu einem echten Machtfaktor heran. Sie entdeckte weitere Demokratiedefizite, die abgebaut werden mußten.
Die Bewegung richtete sich nun vor allem gegen die Bildungsmisere und den Vietnamkrieg. Bundesweite Streiks an den Hochschulen prangerten den Bildungsnotstand an; auf den Straßen wurde gegen das Engagement der Amerikaner in Vietnam demonstriert. Bilderbuchvorstellungen über die USA als Schutzmacht und als Garant von Demokratie und Menschenwürde, besonders bei Schülern und Studenten als Folge der Kennedy-Begeisterung ausgeprägt, „mußten" revidiert werden.
Als in der Konfrontation zwischen außerparlamentarischer Opposition und Staatsgewalt, vertreten durch die Große Koalition, der Studentenführer Rudi Dutschke Ostern 1968 einem Attentat zum Opfer fiel, eskalierte die Auseinandersetzung. Demonstrationen gingen in Straßenkämpfe mit der Polizei über. Zugleich aber wurde klar: Die Phase der Provokation und des Unruhestiftens konnte nur durch einschneidende Reformen beendet werden.

Lou van Burg war Ende der sechziger Jahre der beliebteste Show-Star des Deutschen Fernsehens. Das ZDF-Quiz „Der goldene Schuß" brachte dem Sender Einschaltquoten von 74 %. Der in Holland geborene Entertainer starb 1986 in München

Die sechziger Jahre waren die hohe Zeit des politischen Kabaretts: „Die Pharisäer proben den Notstand" hieß das Programm der Münchner Lach- und Schießgesellschaft, in dem Dieter Hildebrandt (l.) und Hans J. Diedrich das „Duett für Brotschneidemaschine und Pfeife" sangen

1962

Das Jahr der Tiefpunkte

Hamburg-Wilhelmsburg während der großen Flutkatastrophe

Trauer in der Bundesrepublik: 298 Bergleute starben am 7. Februar in der Kohlengrube „Luisenthal" in Völklingen bei einer Schlagwetterexplosion. Zehn Tage später, in der Nacht vom 16. zum 17. Februar, überschwemmte eine Springflut die Nordseeküste. In Hamburg stand der Stadtteil Wilhelmsburg unter Wasser. 315 Menschen starben.

Deutschlands Nazivergangenheit machte wieder Schlagzeilen: Am 31. Mai wurde in Jerusalem Adolf Eichmann hingerichtet. Ein israelisches Gericht hatte ihn der Ermordung von mehr als vier Millionen Juden für schuldig befunden.

Und wieder ist die Gefahr eines Weltkrieges ganz nahe: während der Kuba-Krise. Die Russen hatten auf Fidel Castros Insel Raketenstellungen aufgebaut. Kennedy verhängte am 22. Oktober eine Seeblockade und ordnete die Durchsuchung sowjetischer Schiffe an. Am 28. Oktober kam es zur Einigung: Chruschtschow zog die Raketen ab, dafür verzichteten die USA auf jeden weiteren Interventionsversuch: der erste sozialistische Staat Amerikas konnte sich konsolidieren.

In der Nacht vom 26. zum 27. Oktober wurde die Redaktion des „Spiegel" von der Polizei besetzt und durchsucht. Ein kritischer Bericht über die NATO („Bedingt abwehrbereit") war der Vorwand. Rudolf Augstein, Conrad Ahlers und einige andere Redakteure wurden wegen Verdachts des Landesverrats festgenommen. Aber Adenauer hatte seine Macht überschätzt: In der ganzen BRD gab es heftige Proteste, die FDP kündigte die Koalition, Verteidigungsminister Strauß mußte aus dem Kabinett ausscheiden. Das Bundesverfassungsgericht erklärte die ganze Aktion für rechtswidrig.

Wie zu Kaisers Zeiten macht sich in Düsseldorf ein Polizist vor dem Herrscher klein: Charles de Gaulle besucht die BRD

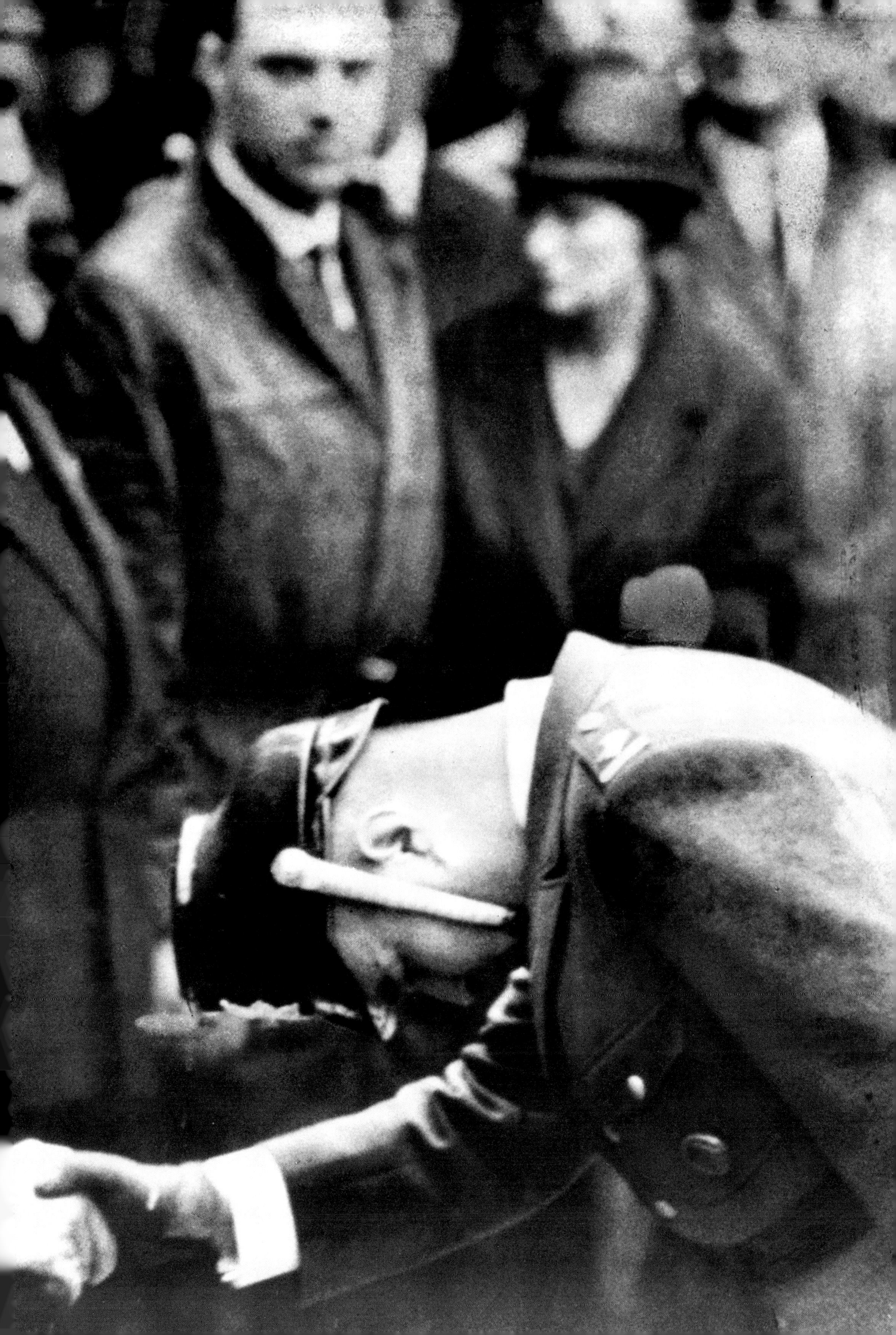

„Ich bin ein Berliner", hatte der US-Präsident John F. Kennedy 1963 bei seinem Besuch in Westberlin der Menschenmenge zugerufen: Konfettiparade auf dem Kurfürstendamm

Berlin ist eine Reise wert

Bergwerkskatastrophe in Lengede: Eine Mutter spricht durch ein Rettungsrohr mit ihrem eingeschlossenen Sohn

Am 30. April wurde die größte Insel der Bundesrepublik durch die Fehmarnsund-Brücke mit dem Festland verbunden. Seitdem sparen Millionen Reisende viele Stunden auf dem kürzeren Weg von Skandinavien über die Vogelfluglinie in den Süden.

Bundeskanzler Adenauer, nun selbst in seiner Partei umstritten, trat zurück. Neuer Bundeskanzler wurde Ludwig Erhard. Er bekam schon bald den Spottnamen „der Gummilöwe".

Im Dezember gab es das erste erfreuliche Ost-West-Abkommen: Westberliner konnten nun in der Weihnachtszeit ihre Verwandten in Ostberlin besuchen.

Vier junge Männer wurden weltberühmt: die Beatles. Mit Liedern wie ihrem „Yellow Submarine" schafften sie einen neuen Stil der Unterhaltungsmusik. Begonnen hatte die Karriere im Hamburger „Star-Club".

Der Dramatiker Rolf Hochhuth eroberte mit seinem Schauspiel „Der Stellvertreter" die Bühnen der Welt. Die Frage, ob der verstorbene Papst Pius XII. zu den Vernichtungslagern Auschwitz und Majdanek hätte schweigen dürfen, bewegte Millionen Menschen. Der neue Papst, Johannes XXIII., verkündete am 10. April die Enzyklika „Pacem in terris", Friede auf Erden. Es sei zu fürchten, „daß die schon für Kriegszwecke unternommenen Kernwaffenexperimente die verschiedenen Arten des Lebens auf Erden in schwere Gefahr bringen. Deshalb fordern Gerechtigkeit, gesunde Vernunft und Sinn für die Menschenwürde dringend, daß der allgemeine Rüstungswettlauf aufhört". Reaktionäre Kreise der Kirche bekämpften den Papst wegen dieser Meinung.

Die Pille geht von Mund zu Mund

Ein Moped bekam der Portugiese Armando Rodriguez von der Bundesvereinigung Deutscher Arbeitgeberverbände geschenkt, als er am 10. September als einmillionster Gastarbeiter auf dem Bahnhof in Köln-Deutz eintraf. Ein Blasorchester spielte zu seiner Begrüßung den Militärmarsch „Alte Kameraden".
Bundeskanzler Ludwig Erhard nannte dieses Jahr das „Jahr der Geschirrspülautomaten". Später fand er dann, die Deutschen sollten „Maß halten". Die Beziehungen zu unseren östlichen Nachbarn standen noch ganz im Zeichen Adenauers: Am 22. März bekräftigte Erhard noch einmal, die Bundesrepublik werde die Oder-Neiße-Grenze nicht anerkennen. Und ein Brief an die Bundesregierung aus der DDR vom SED-Vorsitzenden Walter Ulbricht, in dem er einen gesamtdeutschen Vertrag über den Verzicht auf Lagerung und Anwendung von Atomwaffen vorschlug, wurde ungeöffnet zurückgeschickt. Am 16. Februar wählte die SPD den Regierenden Bürgermeister von Berlin, Willy Brandt, zu ihrem Vorsitzenden.
Bei den Olympischen Winterspielen in Innsbruck holten Manfred Schnelldorfer im Eiskunstlauf und die Rodler Ortrud Enderlein und Thomas Köhler eine Goldmedaille. In Kiel lief der Frachter „Otto Hahn" vom Stapel. Er war das erste atomgetriebene Handelsschiff der Bundesrepublik und blieb auch das einzige.

Ein Moped und einen Blumenstrauß für den millionsten Gastarbeiter

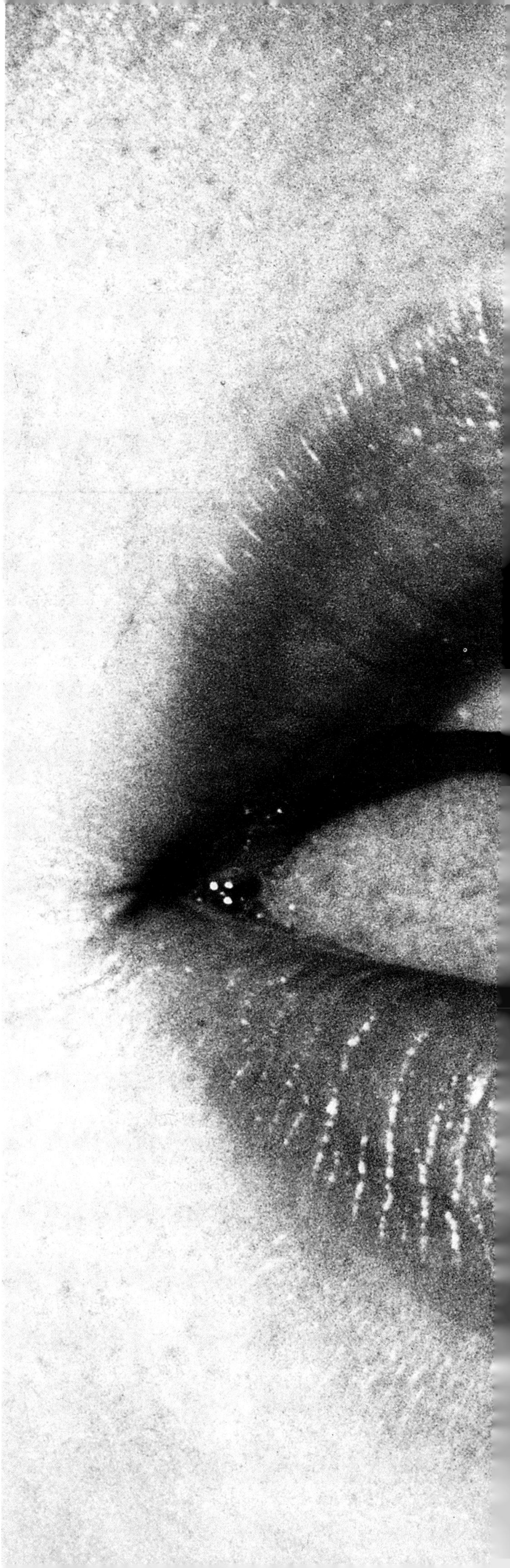

An Puertoricanerinnen war die Antibaby-Pille ausprobiert worden, und seit 1960 wurde sie von G. D. Searle Drug auf dem US-amerikanischen Markt vertrieben. Nun fand sie auch in der Bundesrepublik immer größere Verbreitung. Zuerst war sie eine Befreiung von drückender Schwangerschaftsangst. Später zeigten sich ihre ebenso bedrückenden Nebenwirkungen

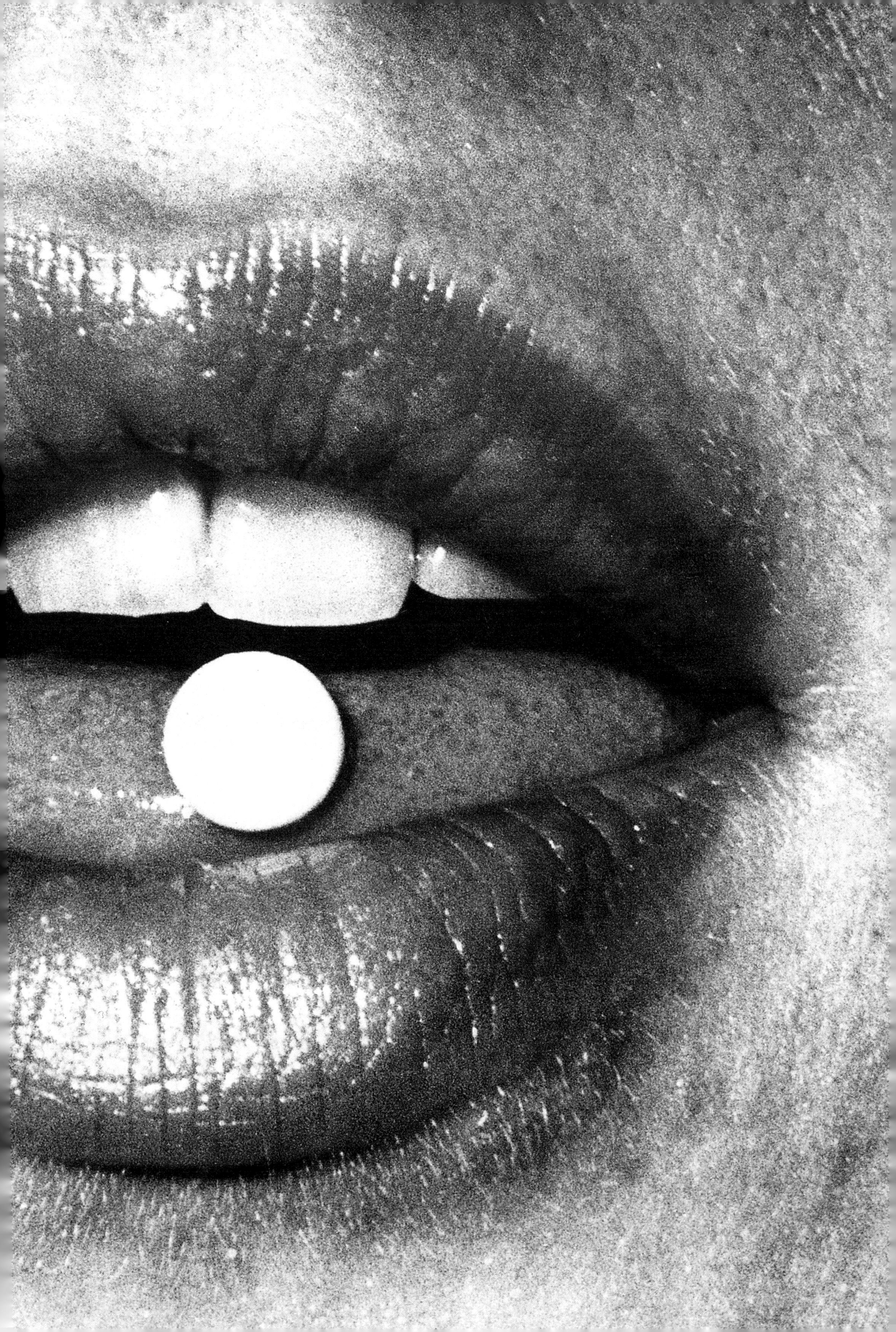

Die Contergankinder. In Kindergärten und Schulen zeigte sich eine selbstverständliche Hilfsbereitschaft der Gleichaltrigen, und den meisten Geschädigten gelang später die Integration in das normale Leben

Leben mit Erschütterungen

Im Frankfurter Gerichtssaal: SS-Unterführer Oswald Kaduk. Er quälte in Auschwitz Tausende zu Tode

Am 19. August 1965 verurteilte das Schwurgericht Frankfurt nach 183 Sitzungstagen sechs Hauptangeklagte im Auschwitz-Prozeß wegen Mordes in vielen tausend Fällen zu lebenslanger Haft.

Im selben Jahr wurde das Schauspiel „Die Ermittlung" von Peter Weiss uraufgeführt. Es ist eine dramatische Fassung der Verhörprotokolle von SS-Leuten. Die Dokumentation erschütterte die Bevölkerung wie Jahre zuvor das „Tagebuch der Anne Frank" und vierzehn Jahre später der Hollywood-Film „Holocaust". Doch für das politische Leben in der Bundesrepublik wurden kaum Konsequenzen gezogen: Zwar wurde nach langen Kämpfen die Verjährungsfrist für NS-Verbrechen verlängert, aber weder im Behördenapparat noch in der Industrie wurden alte Nazis aus wichtigen Ämtern entfernt.

Bei der Bundestagswahl am 19. September siegte wiederum die CDU/CSU und erhielt 47,6 Prozent der Stimmen. Willy Brandt, Kanzlerkandidat der SPD, legte sein Bundestagsmandat nieder und blieb Regierender Bürgermeister von Berlin.

Die Bundesluftwaffe bekam ihren ersten Auslandsstützpunkt im portugiesischen Beja.

Der Bundestag verabschiedete das „Vermögensbildungsgesetz". Pro Jahr konnten nun 312 Mark steuerfrei angelegt werden.

Englands Königin Elizabeth II. besuchte zehn Tage lang die Bundesrepublik und Westberlin. Sie hinterließ nach ihrem Abschiedsbesuch am 28. Mai in Hamburg eine Bürgermeister-Krise: Paul Nevermann mußte zurücktreten, weil er zu einem königlichen Essen eine andere Frau als seine eigene mitgebracht hatte.

1966

Kurz und bündig ist modern

Am 17. Januar explodierte bei einem Lufttankmanöver ein amerikanischer B-52-Bomber. Die Sprengsätze aus herkömmlichen Sprengstoffen von zwei Wasserstoffbomben detonierten. Zwar fand keine Atomreaktion statt, aber das Plutonium wurde frei und mit dem Wind verteilt, über Spanien, in der Atmosphäre. Die Menschen, die Erde, die Tiere waren vergiftet. Niemand sagte es ihnen – die Amerikaner hielten die Atomkatastrophe geheim. Bis 750 US-Soldaten kamen, um die Erde abzutragen, in Fässer zu verladen und nach Amerika zu schaffen, wo sie auf dem „Atomfriedhof" Alken in Süd-Carolina vergraben wurden. Erst Jahre später erfuhr die Welt vom ganzen Ausmaß dieses bis dahin größten Atom-Unfalls.
Ludwig Erhard wurde Nachfolger Adenauers als Parteivorsitzender der CDU. Die FDP-Fraktion beendete vorzeitig die Koalition mit der CDU. Nachdem Bundeskanzler Erhard zurückgetreten ist, bildet der neugewählte Bundeskanzler Kiesinger eine große Koalition mit der SPD. Vizekanzler und Außenminister wird Willy Brandt.

Kurt Georg Kiesinger und Willy Brandt stoßen auf die „Große Koalition" an

In Bonn kam es zu schweren Auseinandersetzungen um den „Starfighter". Inzwischen waren schon 61 Maschinen abgestürzt und dabei 35 Piloten getötet worden. Generalleutnant Werner Panitzki, der Inspekteur der Luftwaffe, kritisierte deshalb das Verteidigungsministerium. Er wurde daraufhin von Verteidigungsminister Kai Uwe von Hassel aus dem Amt geworfen.
Die Altnazis Baldur von Schirach, ehemals „Reichsjugendführer", und Hitlers Rüstungsminister Albert Speer wurden nach 20jähriger Haft aus dem Kriegsverbrecher-Gefängnis in Berlin-Spandau entlassen.

Plastik wird zum Modematerial. Diese „Gänseblümchen"-Kreation besteht aus rotem Kunststoff und wird ergänzt durch weiße Lackstiefel und rote Strumpfhosen

Mit Adenauer starb noch mehr

Die Wiedereinführung des Militärs im besiegten Deutschland war eine der politischen Leistungen Konrad Adenauers. Bei der Trauerfeier für ihn am 24. April 1967 hielten Offiziere der Bundeswehr die Ehrenwache an seinem Sarg

Konrad Adenauer starb am 19. April. Die Politisierung der Bundesrepublik, die 1968 ihren ersten Höhepunkt erreichen sollte, begann mit einem Toten: Am 2. Juni protestierten Tausende Studenten gegen den Schah-Besuch. Ein Polizist erschoß den Demonstranten Benno Ohnesorg.

Es wurde ein heißer Sommer, und die griechischen Strände waren übervoll mit Touristen. Ein paar Inseln durften allerdings von Ausländern nicht besucht werden, denn dort hielten die Obristen seit dem Militärputsch vom 21. April Tausende in Konzentrationslagern gefangen: die Insel Jaros zum Beispiel. Es war eine Sensation, als der STERN-Fotograf Fred Ihrt im verbotenen Tiefflug die Insel überquerte und Bilder der Gefangenen machte.

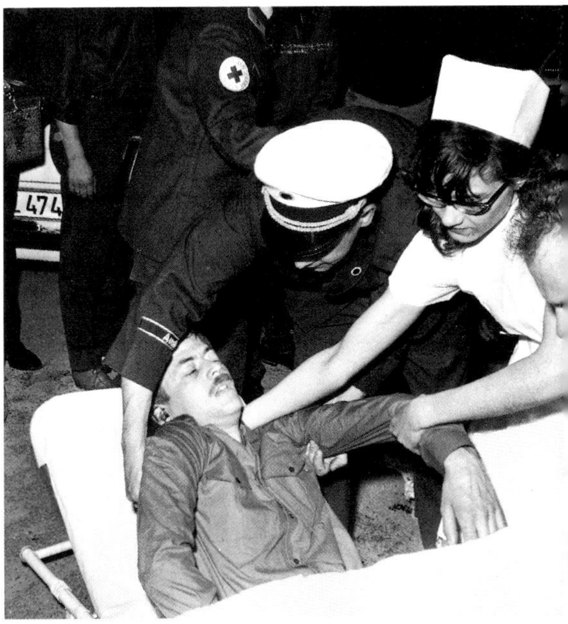

Von einer Polizeikugel tödlich getroffen: der Student Benno Ohnesorg

Auf deutschen Show-Bühnen wurde ein Österreicher zum neuen Star. Er sang „Tausend Träume", und Millionen träumten mit Udo Jürgens vom Glück. So wie Tausende vom Reichtum träumten und ihr Geld in Aktien der Investors Overseas Services anlegten, IOS genannt.

In Hamburg wird ein neuer Universitätsrektor in sein Amt eingeführt. Vor ihm gingen zwei Studenten mit dem Transparent: „Unter den Talaren Muff von 1000 Jahren".

Die Revolte der Studenten

In vielen Ländern der Welt protestierten die Menschen gegen den amerikanischen Krieg in Vietnam. Im Mai kam es in Paris zu einem Massenaufstand, der die Herrschaft de Gaulles in Frage stellte. In Berlin wurden die Straßen von den Demonstrationen des SDS, des Sozialistischen Deutschen Studentenbundes, beherrscht. Sie richteten sich unter anderem gegen die Zeitungen des Springer-Konzerns, die die Bevölkerung gegen die Studenten aufputschten. Am 11. April schoß ein Rechtsradikaler auf den Studentenführer Rudi Dutschke und verletzte ihn mit drei Kugeln so schwer, daß er 1979 an den Spätfolgen starb. Noch in derselben Nacht begannen Blockaden vor den Verlagshäusern und Druckereien mit der Forderung „Enteignet Springer".
Tiefe Erschütterung auch in der BRD über die Ermordung von Martin Luther King am 4. April 1968 in Memphis.
Am 7. November ohrfeigte Beate Klarsfeld auf dem Westberliner Parteitag der CDU den Bundeskanzler Kurt Georg Kiesinger, um vor aller Welt dessen Nazi-Vergangenheit zu demonstrieren. Die Westberliner

Joseph Beuys auf der „documenta" in Kassel

Justiz demonstrierte auf ihre Art, was sie für Recht hielt: Ein Richter verurteilte Beate Klarsfeld noch am selben Tage zu zwölf Monaten Gefängnis. Das Urteil mußte bald als rechtswidrig aufgehoben werden.
Die Dauerkritik an dem Bundespräsidenten Heinrich Lübke führte dazu, daß er am 14. Oktober, seinem Geburtstag, den Rücktritt noch vor Ablauf der Amtsperiode ankündigte.

„Enteignet Springer", forderten die Berliner Studenten nach dem Attentat auf den SDS-Führer Rudi Dutschke. Springers Zeitungen hatten wochenlang die Bevölkerung gegen die Studenten aufgeputscht

Die Sexwelle läuft an. Sex-Aufklärer Oswalt Kolle mit Familie am Badestrand

Mit Willy Brandt begann die „Neue Ostpolitik". Der Kanzler normalisierte die Beziehungen zur Sowjetunion und zu Polen, das Berlin-Abkommen von 1971 entspannte die Beziehungen zur DDR. Unter dem Motto „Mehr Demokratie wagen" standen die inneren Reformen. Doch Ölkrise und Terrorismus veränderten das politische Klima. Im Mai 1974 übernahm Helmut Schmidt das Amt des Bundeskanzlers

Aufbruch

Die Bereitschaft zum Wandel, der Mut zur Veränderung hatten sich, zunächst kaum spürbar, dann aber kontinuierlich und mit Händen greifbar entwickelt. Nach der erfolgreichen Kampagne gegen die Notstandsgesetze; nach den heftigen Studentenunruhen, die viele Bürger zwar verschreckten, die meisten aber aufrüttelten, ihnen die Augen über Demokratiedefizite und Bildungsmisere öffneten; nach der unheimlichen Machthäufung in der Großen Koalition war die Zeit reif für eine andere Politik, eine andere Regierung. Die Unionsparteien hatten abgewirtschaftet.

Vorbote des „Machtwechsels" war die Wahl von Gustav Heinemann zum Bundespräsidenten (1969–1974). Der Sozialdemokrat, der noch 1950 CDU-Innenminister im Kabinett Adenauer war, seinen damaligen Parteifreunden dann aber aus Protest gegen die geplante Wiederaufrüstung den Rücken kehrte und einige Jahre später der SPD beitrat, war nicht nur von den eigenen Genossen gewählt worden. Den Ausschlag gaben die Stimmen der Liberalen.

Die FDP, die bis dahin zwar bisweilen murrend, manchmal sogar widerspenstig (Spiegel-Affäre, Notstandspläne), grundsätzlich aber verläßlich an der Seite der Union stand, lief zum „Klassenfeind" über. Ihr Votum für Heinemann signalisierte die vorsichtige Öffnung zur SPD, die als Koalitionspartner hoffähig geworden war. Der Kurswechsel war das Ergebnis langjähriger innenpolitischer Umwälzungen. Unter dem Einfluß von progressiven Professoren, von Parteireformen und hartnäckig auf Veränderung drängenden Jungdemokraten (der damaligen Jugendorganisation) war die Herrschaft der Altliberalen um Erich Mende ins Wanken geraten.

Auslöser war die starre, einfallslose Ostpolitik, von der die FDP-Mehrheit (wie die CDU/CSU als Ganzes) nicht abrücken wollte. Der linksliberale Flügel hatte längst die Position der „Anerkennungspartei" eingenommen; jener Koalition unterschiedlichster politischer Kräfte, die vehement gegen die weltfremde Hallstein-Doktrin (Nichtanerkennung der DDR und Bannstrahl gegen alle Staaten, die mit dem SED-Staat Beziehungen aufnahmen) zu Felde zogen und für eine neue, realistische Deutschland- und Ostpolitik eintraten. (Egon Bahr: „Wandel durch

Ein nachdenklicher Franz Josef Strauß in der Sauna: Während der sozial-liberalen Koalition zog er sich auf den Posten des bayerischen Ministerpräsidenten nach München zurück

Das Genie des jungen deutschen Films: Rainer Werner Faßbinder kam vom Theater zum Kino und brachte es in den siebziger und achtziger Jahren mit einer Fülle von Filmen zu Weltruhm. Als er 1982 in München starb, war er 36 Jahre alt.

Annäherung"). Ihre Forderung: Anerkennung der Oder-Neiße-Grenze und der Existenz zweier deutscher Staaten.

Hektisch versuchte Erich Mende, der Bewegung die Spitze zu nehmen, indem er vorschlug, die bereits eingeleitete „Politik der kleinen Schritte" mit der DDR (menschliche Erleichterungen gegen harte D-Mark, kleiner Grenzverkehr, Familienbesuche) zu forcieren. Doch seine Kritiker winkten ab. Ihnen ging der Vorstoß nicht weit genug. Auf dem Freiburger Parteitag 1968 verglühte Mendes Stern. Walter Scheel, ein Befürworter der neuen Ostpolitik, wurde zu seinem Nachfolger an der FDP-Spitze gekürt.

Unter Scheel warf die Partei in den folgenden Monaten überflüssigen altliberalen Ballast ab, wandelte sich – jedenfalls mehrheitlich – zu einer modernen, sozialliberalen Partei. Querdenker wie die Professoren Ralf Dahrendorf und Werner Maihofer prägten ihr neues Gesicht. Dem inneren Wandel der FDP entsprach die behutsam und geschickt betriebene Öffnung zu den Sozialdemokraten. In zähen, langwierigen Gesprächen überzeugte Scheel die Partei, für Gustav Heinemann als Bundespräsidenten zu stimmen.

Nach der Bundestagswahl 1969, bei der die Freidemokraten nur mit Mühe die Fünf-Prozent-Hürde überspringen konnten, folgte der zweite Schritt. Noch in der Wahlnacht schufen Scheel und der SPD-Kanzlerkandidat Willy Brandt vollendete Tatsachen. Trotz einer nur knappen Mehrheit einigten sie sich auf eine gemeinsame Koalition. Der bedächtige CDU-Kanzler Kurt Georg Kiesinger, der sich völlig sicher wähnte und die Bündnisfrage in den nächsten Tagen klären wollte, und der SPD-Stratege Herbert Wehner, der der FDP („... diese Pendlerpartei!") tief mißtraute und deshalb lieber die Große Koalition mit ihrer satten Majorität fortsetzen wollte, waren ausgespielt. Der Machtwechsel, lange erhofft und angestrebt, war endlich erreicht.

Brandt und Scheel kannten die hohen Erwartungen ihrer Wähler, fühlten sich ihnen verpflichtet. Die Veränderungsprozesse und politischen Strömungen der vergangenen Jahre mußten verarbeitet, ihre Forderungen sollten nach Möglichkeit erfüllt werden. So stellten sie ihre Regentschaft unter zwei Maximen: Die „Neue Ostpolitik" und den Willen zu tiefgreifenden innenpolitischen Reformen mit dem Ziel einer umfassenden „Demokratisierung der Gesellschaft". Überzeugt davon, daß es zur „Anerkennungspolitik"

Udo Lindenberg ist der bekannteste deutsche Rock-Musiker. Der Durchbruch gelang ihm 1973 in Hamburg mit seinem „Panik-Orchester".

Peter Zadek sorgte für frischen Wind am Theater. Seine frechen Pop- und Revue-Inszenierungen wurden zu [illegible] Aufführungen.

keine Alternative gebe, wenn ein geregeltes friedliches Neben- und möglichst sogar Miteinander in Europa erreicht werden solle, legten sie in der Ostpolitik ein atemberaubendes Tempo vor. Schon am 12. August 1970 wurde der „Moskauer Vertrag“ geschlossen, der den Interessenausgleich mit der Sowjetunion besiegelte. Wenige Monate später, am 7. Dezember, unterschrieben Brandt und Scheel den „Warschauer Vertrag“, der die Oder-Neiße-Grenze als „westliche Staatsgrenze der Volksrepublik Polen“ feststellt und die Unverletzlichkeit der Grenzen „jetzt und in der Zukunft“ garantiert. Das Vertragswerk wurde abgerundet mit dem Berlin-Abkommen der vier Siegermächte vom 3. September 1971.

Diese Übereinkunft war zugleich eine wesentliche Voraussetzung für die Normalisierung des Verhältnisses zur DDR. Am 21. Dezember 1972 konnte schließlich nach einem schwierigen Verhandlungsmarathon der „Vertrag über die Grundlagen der Beziehungen ...“ unterzeichnet werden. Er regelt die gegenseitige Respektierung, den Gewaltverzicht, die Hinnahme der gewachsenen Grenzen und den Verzicht auf die Alleinvertretung Deutschlands durch die Bundesrepublik. Die Existenz zweier deutscher Staaten war sanktioniert, die Deutschen waren als Störenfriede der Entspannung zwischen den Großmächten abgetreten.

Die überfällige Reformpolitik nach innen stellte Willy Brandt unter das Motto: „Mehr Demokratie wagen.“ Für die sozial-liberale Koalition war die Verfassung keine Garantie des Bestehenden. Sie verstand die „Demokratie als Staatsform des gesellschaftlichen Wandels“ (so der Politologe Martin Greiffenhagen). Das Grundgesetz hatte daher zwar auch den Staat zu schützen, vor allem aber Kritik an ihm möglich zu machen, Diskussionen über politische Veränderungen zu ermutigen und dafür zu sorgen, daß Konflikte nach bestimmten Spielregeln ausgetragen werden können.

Im Vordergrund stand zunächst die Bildungsreform. Das 10. Schuljahr wurde eingeführt, Fremdsprachen gab es nun auch in der Hauptschule. Gesamtschulen wurden gegründet, um auch Spätentwicklern und Kindern aus unterprivilegierten Schichten den Weg zum Abitur zu ebnen. Sozial schwachen, aber begabten Schülern und Studenten wurden finanzielle Hilfen gewährt.

Eine geistige Neuorientierung kam hinzu: Die Lehrpläne wurden entrümpelt, von vordemokratischen Idealen gesäubert. Die moderne Pädagogik setzte

Lange Zeit die Leitfigur der „Grünen“: Petra Kelly bei einer Friedensdemo in Schwäbisch Gmünd

Günter Wallraff arbeitete unter einem Decknamen für die Lokalredaktion der „Bild“-Zeitung in Hannover. Unter dem Titel „Der Aufmacher“ veröffentlichte er danach in einem Buch, was er als Redakteur bei der Springer-Zeitung erlebt hatte

auf Selbständigkeit und Kooperation, nicht auf Drill und Unterwerfung. Mitbestimmungsmodelle auf Lehrer- und Professoren-, auf Eltern-, Schüler- und Studentenebene sorgten für frischen Wind an Schulen und Universitäten.
Es folgte die Reform des Strafrechts. Der Beschuldigte und sein Verteidiger erhielten stärkere Rechte, die gängige, allzu rasch erlaubte Verlängerung der Untersuchungshaft wurde erschwert, die von der CDU/CSU immer wieder geforderte Vorbeugehaft verworfen. Die sexuelle Befreiung führte zur Abschaffung des Kuppeleiparagraphen; auch die männliche Homosexualität blieb straffrei. Freizügige erotische Darstellungen in Wort und Bild ließen den Staatsanwalt zukünftig kalt.
Doch so sehr die SPD/FDP-Koalition sich auch bemühte, den hochgesteckten Erwartungen gerecht zu werden, die in weiten Teilen der Bevölkerung an den Machtwechsel geknüpft waren – es wuchs die Kluft zwischen Zielsetzung und Machbarkeit. Die Folge waren Ungeduld und Radikalisierung bei Reformanhängern, denen alles nicht schnell und tiefgreifend genug ging; steigende Skepsis und offene Feindschaft bei Reformgegnern, die ihren (CDU-)Staat nicht mehr wiedererkannten.
Die SPD/FDP-Koalition versuchte, einen Kompromiß zu schließen – und beging dabei einen verhängnisvollen Sündenfall. Sie glaubte, die Öffnung nach Osten mit innenpolitischer Abgrenzung nach links kompensieren zu müssen und so die konservativen Gemüter besänftigen zu können. Auf ihre Anregung hin kam es 1972 zum fatalen Beschluß der Länder-Ministerpräsidenten, ein Berufsverbot für „Verfassungsfeinde" im öffentlichen Dienst einzuführen.
Der Preis für diese, wie sich bald herausstellen sollte, Fehlentscheidung, war hoch. Viele Reformbefürworter, insbesondere in der jüngeren Generation, fühlten sich von Brandt im Stich gelassen, sogar schmählich verraten, kehrten der SPD in den nächsten Jahren den Rücken und fanden sich wieder in der Ökologie-, Friedens- und Frauenbewegung, die Ende der 70er Jahre Schlagzeilen machten. Das konservative Lager aber, das mit der Einführung der Berufsverbote gnädig gestimmt werden sollte, blieb abweisend. Die Unionsparteien machten mobil. Lancierte Veröffentlichungen vertraulicher Verhandlungsprotokolle und Vertragsentwürfe häuften sich. Die sonst so gern gepriesene Loyalität der Beamten zum (jeweiligen) Dienstherrn schien außer Kraft gesetzt, zum Wohle der CDU/CSU. Die Erosion der ohnehin schmalen SPD/FDP-Mehrheit im Bundestag, provoziert durch ständige Abgeordnetenübertritte (mit Mandat) zur Union, verführte die Christdemokraten zum vermeintlich vernichtenden Schlag gegen das Mitte-Links-Bündnis.
Am 24. April 1972 beschließen CDU und CSU, die Regierung Brandt/Scheel mit Hilfe eines konstruktiven Mißtrauensvotums zu stürzen. Neuer Kanzler soll Fraktionschef Rainer Barzel werden. Eine Welle der Empörung überzieht das Land. Auf zahlreichen Kundgebungen und bei Warnstreiks wird für Willy Brandt demonstriert. Drei Tage später, am 27. April, scheitert der Handstreich. Barzel verfehlt die erforderliche absolute Mehrheit um zwei Stimmen, in den eigenen Reihen saß ein Abtrünniger, der Volksvertreter Julius Steiner. Bis heute ist ungeklärt, ob er gekauft war oder aus Gewissensnot Barzel die Gefolgschaft versagte (Steiner/Wienand-Affäre).
Weil die Patt-Situation zwischen Koalition und Opposition im Bundestag die Fortführung der Regierungsgeschäfte unmöglich machte, kam es im November 1972 zu vorgezogenen Neuwahlen, bei denen die CDU/CSU für ihre Umsturzpläne abgestraft wurde. Brandt und Scheel errangen einen unerwartet klaren Sieg. Statt jetzt aber den Reformkurs konsequent fortzusetzen, traten die Sozial-Liberalen auf die Bremse. Die Verwirklichung wichtiger Vorhaben wurde aufgeschoben.
Zwei Gründe waren für den nun einsetzenden Stillstand ausschlaggebend. Zum einen die Widersprüchlichkeit der Erwartungen und Hoffnungen, denen die Regierung gerecht zu werden suchte. Die Grenzen verliefen dabei nicht nur zwischen SPD und FDP, sondern auch quer durch die eigenen Reihen. Je härter die Widerstände, desto mehr verloren Sozial- und Freidemokraten den Mut zur Reformpolitik. Zum anderen die gewandelten ökonomischen Bedingungen nach der Ölpreiskrise von 1973/74 und der dadurch hervorgerufenen langfristigen weltweiten Rezession. Die wirtschafts- und finanzpolitischen Konzepte mußten revidiert, ausgabenträchtige Reformpläne aufgegeben werden.
In der Bevölkerung kam es nach dem Öl-Schock und den deswegen verhängten Sonntagsfahrverboten zu einem rasanten Stimmungsumschwung. Die Reformbegeisterung verflog schlagartig; altgewohnte, in unruhigen und schwer berechenbaren Zeiten besonders populäre Stimmungen prägten wieder den

Bürgeralltag; die Furcht vor Konflikten, die Scheu vor Experimenten, die Sehnsucht nach Stabilität und Sicherheit – das Bruttosozialprodukt gleichsam als die wahre Identität der Deutschen.

Mit dem Rücktritt Willy Brandts Anfang Mai 1974 und der Wahl Walter Scheels zum neuen Bundespräsidenten ging die erste Phase der sozial-liberalen Koalition zu Ende. Gefragt war nun nüchternes, effektives Krisenmanagement, gefordert waren Macher, nicht Visionäre. Es schlug die Stunde Helmut Schmidts, der schon in seiner Regierungserklärung den politischen Akzent deutlich anders setzte als sein Vorgänger. Hatte Brandt 1969 „Kontinuität und Erneuerung" versprochen, so beschied Schmidt sich mit „Kontinuität und Konzentration".

Wichtigstes Ziel war dabei, die lahmende Wirtschaft wieder auf Schwung zu bringen. Der Kanzler nahm sich dieser Aufgabe sofort mit Energie, Geschick und Sachverstand an. Und er hatte Erfolg. Trotz weiterer Krisensymptome in der Weltwirtschaft faßte die deutsche Wirtschaft wieder Tritt.

Den spürbaren Wandel des Zeitgeistes beschleunigte eine völlig neue Herausforderung, der sich Bürger und Politiker zunächst rat- und hilflos ausgeliefert sahen, um dann in staatlicher Überreaktion Zuflucht zu suchen: die Herausforderung des Terrorismus. Als die Gewalt 1977 eskalierte, als innerhalb weniger Monate Generalbundesanwalt Siegfried Buback, der Bankier Jürgen Ponto und der Arbeitgeberpräsident Hanns Martin Schleyer von der RAF (Rote Armee Fraktion) ermordet wurden, verlor der Staat das notwendige Augenmaß.

Schmidt reagierte harsch. Eine verschärfte Anti-Terror-Gesetzgebung sollte der RAF das Handwerk legen. So durften Kontakte von Häftlingen, die wegen Bildung einer kriminellen Vereinigung einsaßen, zu anderen Inhaftierten und sogar zu ihren Anwälten unterbunden werden. Verteidiger konnten ausgeschlossen werden, die Hauptverhandlung durfte ohne den Angeklagten stattfinden, und selbstverständlich wurde die Polizei gestärkt, das Bundeskriminalamt zur allgewaltigen Fahndungszentrale ausgebaut.

Der Kanzler hatte Entschlossenheit und Führungskraft demonstriert, zugleich aber eherne Rechtsstaatsprinzipien preisgegeben. Mit seinem Credo „im Zweifel für den Staat" leitete Schmidt, ganz sicher ungewollt, eine neue restaurative Phase ein, wurde er zum geistigen Wegbereiter der „Wende".

Gustav Heinemann wurde 1969 zum Bundespräsidenten gewählt – erstes Zeichen für den bevorstehenden Machtwechsel in Bonn

CDU-Chef Rainer Barzel versuchte 1972, Kanzler Willy Brandt mit einem konstruktiven Mißtrauensvotum zu stürzen. Barzel scheiterte an einem Überläufer aus den Reihen der CDU

Die alte Ordnung am Boden

Der neue Kanzler: Willy Brandt mit Ehefrau Rut

Nach dem politischen Umbruch Mitte der sechziger Jahre war die Zeit nun reif für einen neuen Aufbruch. Als erste Menschen betraten zwei Amerikaner den Mond. Sowjetische Raumschiffe flogen in Dreierformation durchs All. Das größte und das schnellste Verkehrsflugzeug der Welt, die Boeing 747 und die Concorde, machten Probeflüge. Einem Münchner Chirurgenteam gelang die erste Herzverpflanzung in der Bundesrepublik. Politiker der ersten Stunde traten ab. In ihre Ämter folgten Männer, die die dunkle Vergangenheit der NS-Jahre nicht mehr verdrängten, sondern bewältigten. Gustav Heinemann wurde Bundespräsident. In Rheinland-Pfalz wurde Helmut Kohl Ministerpräsident. Willy Brandt löste Kurt Georg Kiesinger ab und wurde Bundeskanzler einer sozial-liberalen Koalition. Mit Brandt, dem ersten SPD-Regierungschef in Deutschland seit 1930, und seinem Vize Walter Scheel brach in der Bundesrepublik eine neue Ära an. Mehr Demokratie und soziale Gerechtigkeit, innere Reformen und Verständigung mit dem Osten waren die Ziele. Die Voraussetzungen waren günstig. Der kalte Krieg hatte seinen Höhepunkt überschritten. Wirtschaftlich stand die Bundesrepublik glänzend da, bei rund 800 000 offenen Stellen, 100 000 Arbeitslosen und 1,5 Millionen Gastarbeitern herrschte Vollbeschäftigung, die Mark mußte mehrfach aufgewertet werden.

Die Überreste des hundertsten „Starfighters" der Bundeswehr, der über der Bundesrepublik abgestürzt war, galten vielen Deutschen als Symbol für den Wahnsinn des weltweiten Wettrüstens

1970

Versöhnung mit dem Osten

Konrad Adenauer hatte die Bundesrepublik in die Gemeinschaft der westeuropäischen Staaten und in die NATO integriert. Willy Brandt ging nun an die Aussöhnung mit den osteuropäischen Nachbarn. Er strebte den „Ausgleich mit dem Osten" und „menschliche Erleichterungen im geteilten Deutschland" an. Brandt schlug dem Vorsitzenden des DDR-Ministerrats, Willi Stoph, Verhandlungen über die innerdeutschen Beziehun-

Ende der Eiszeit: Willy Brandt trifft Willi Stoph in Erfurt

Kniefall vor dem Mahnmal für die Opfer des Nationalsozialismus im Warschauer Ghetto am 7. Dezember: Kanzler Willy Brandt verleiht dem Aussöhnungswillen der Deutschen mit den östlichen Nachbarn bewegenden Ausdruck

gen vor. Das politische Tauwetter erleichterte es Brandt, eine Einladung in die DDR anzunehmen. Das Zusammentreffen mit Stoph wurde für den Bonner Kanzler zu einem persönlichen Triumph. „Willy ans Fenster", forderten die Bürger in Erfurt und meinten nicht ihren Willi Stoph. Der kam zwei Monate später zu einem Gegenbesuch nach Kassel. Ein erster Höhepunkt der Entspannungspolitik war die Unterzeichnung des deutsch-sowjetischen Vertrags über die Unverletzlichkeit der Grenzen in Europa, einschließlich der Westgrenze Polens. Drei Monate später unterzeichnete Brandt in Warschau den Vertrag über die Normalisierung der Beziehungen mit Polen. Die Menschen in Ost und West suchten neue Formen des Miteinanders.

In der kapitalistischen Konsumgesellschaft blühte die Subkultur der Hippies und Gammler. Innenpolitisch nahm die sozialliberale Koalition ihr Programm der inneren Reformen in Angriff. Es begann mit der Gleichstellung von Arbeitern und Angestellten im Krankheitsfall, der Liberalisierung des Demonstrationsstrafrechts und der Besserstellung von nichtehelichen Kindern.

Der Bauch gehört uns

Bonn und die DDR unterzeichneten ein Post-und Fernmeldeabkommen: Nach 19 Jahren waren wieder direkte Telefongespräche zwischen Ost- und Westberlin möglich. Auf der Krim traf Brandt den sowjetischen Parteichef Breschnew. Im selben Jahr wurde die Aufnahme des Linienflugverkehrs vereinbart, in Leningrad und Hamburg wurden Generalkonsulate eröffnet. Mit der CSSR begannen Gespräche über die Normalisierung der Beziehungen. Das wichtigste politische Ereignis: Nach 33 Sitzungen unterzeichneten die Botschafter Frankreichs, Großbritanniens, der UdSSR und der USA das Viermächteabkommen über Berlin. Diese Vereinbarung war die entscheidende Voraussetzung für die innerdeutschen Verhandlungen und das Transit-Abkommen vom 17. Dezember. Für seine Entspannungspolitik erhielt Brandt den Friedens-Nobelpreis.
Innenpolitisch gab es erste Turbulenzen. Wegen unterschiedlicher Auffassungen über die Staatsverschuldung trat Finanzminister Alex Möller zurück. Karl Schiller wurde Doppelminister. Reformvorhaben wurden beim Bodenrecht, bei der Bundesausbildungsförderung (Bafög), beim Mietrecht und der Betriebsverfassung verwirklicht. Doch die Ära der Ellenbogen-Gesellschaft war nicht überwunden. Der erste Bundesliga-Skandal erschütterte Millionen Fußball-Fans. Spieler hatten gegen Geld Spiele manipuliert und „Siege" verkauft.

Ein schwangerer Minister? Mit unerwünschten Schwangerschaften bekam Justizminister Gerhard Jahn nicht nur auf dieser Fotomontage zu tun. Massenproteste von Frauen gegen den Paragraphen 218 erzwangen eine Reform. Die neue Regierung machte 1974 den Schwangerschaftsabbruch innerhalb der ersten zwölf Wochen möglich

Kampf gegen den Abtreibungs-Paragraphen

68

Blut und Spiele

Geisel-Drama in Fürstenfeldbruck: Der Befreiungsversuch der Polizei mißlingt

Gut lachen hatte die erst 16jährige Deutsche Ulrike Meyfarth, die bei den Olympischen Spielen 1972 in München überraschend die Goldmedaille im Hochsprung gewann. Doch die „heiteren Spiele“ wurden von dem blutigen Terroranschlag auf die israelischen Sportler überschattet

An der Ostpolitik schieden sich die Geister. Die CDU/CSU brachte im Bundestag ein konstruktives Mißtrauensvotum ein und schlug Rainer Barzel als Kanzler vor. Nach dem Wechsel mehrerer Abgeordneter zur Opposition hatte Brandt keine Mehrheit mehr. Doch das Mißtrauensvotum scheiterte. Die Ostverträge wurden ratifiziert.

In der Innenpolitik mehrten sich die Sorgen. Mit ihrem Reformvorhaben bei den Renten, der „Vollbeschäftigungsgarantie“ und bei den Finanzen hatte sich die Regierung übernommen. Die Koalition erlebte im Bundestag Abstimmungsniederlagen. Wirtschafts- und Finanzminister Schiller reichte seinen Rücktritt ein. Neuer Doppelminister wurde Helmut Schmidt, der immer stärker ins Bonner Rampenlicht trat. Brandt stellte im Bundestag die Vertrauensfrage. Mit der kalkulierten Niederlage erzwang er die Auflösung des Bundestages und vorzeitige Neuwahlen, bei denen er einen triumphalen Sieg errang. Die SPD wurde stärkste Fraktion und Brandt wieder zum Bundeskanzler gewählt. Mit der Stellung der Frauen in Politik und Wirtschaft ging es langsam voran. Annemarie Renger wurde zum ersten weiblichen Bundestagspräsidenten gewählt.

Auf die Olympiade in München fielen die Schatten des Terrorismus. Die palästinensische Terrororganisation „Schwarzer September“ nahm im Olympischen Dorf israelische Sportler als Geiseln. Bei dem Befreiungsversuch kamen 11 Israelis ums Leben. Drei Terroristen überlebten und wurden kurz danach durch Entführung einer Lufthansa-Maschine freigepreßt.

Die Krise ums Öl

Der Kanzler brachte den Grundlagenvertrag mit der DDR durch den Bundestag und wollte den UN-Beitritt der Bundesrepublik. Er erreichte mit dem kleinen Grenzverkehr zwischen DDR und Bundesrepublik eine Intensivierung der Besucherreisen, empfing den sowjetischen Parteichef Breschnew in Bonn und sprach vor der UNO-Vollversammlung. Mit dem Staatsbesuch in Israel, dem ersten eines deutschen Regierungschefs, sowie mit der Unterzeichnung des deutsch-tschechischen Normalisierungsvertrages gelangen Brandt noch einmal Glanzlichter.
Doch in der Innenpolitik wurden die Grenzen des Machbaren erkennbar. Die Konjunktur lief heiß, die Preise stiegen beängstigend, die Gewerkschaften setzten Lohn-Teuerungszuschläge durch, und die Unruhe an der internationalen Währungsfront machte der extrem exportabhängigen Wirtschaft zu schaffen. Als sich die Dollarschwemme mit Beschränkungen des freien Kapitalverkehrs nicht mehr stoppen ließ, stimmte die Regierung mit anderen großen Industrieländern der Freigabe der Wechselkurse – dem Floating – zu.

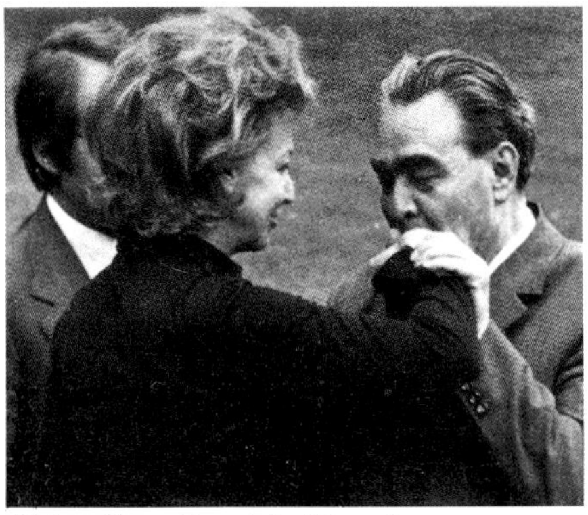

Hoher Gast: Parteichef Breschnew besucht Bonn

Gegen Jahresende löste das Ölkartell OPEC mit seinem Beschluß, die Förderung um 25 Prozent zu drosseln und die Preise zu verdreifachen, weltweit Krisenstimmung aus. Das Ende des Wohlstandes schien gekommen.
Mit der Orientierungslosigkeit vieler Menschen machten Clevere ihre Geschäfte. Die Moon-Sekte und die Scientology-Church hatten unter den Jugendlichen wachsenden Zulauf. Die Probleme der Umweltverschmutzung wurden durch einen Giftmüllskandal in Hessen weithin sichtbar.

Die Autobahnen in der Bundesrepublik waren 1973 an drei Sonntagen durch das erste Fahrverbot für Personenkraftwagen wie leergefegt. Das Ölkartell OPEC hatte durch drastische Erhöhung des Preises der westlichen Welt den ersten Ölschock versetzt

1974

Ein neuer Lotse kommt

Ein neuer Lotse an Bord: Als Kanzler der sozial-liberalen Koalition löst der Hamburger Helmut Schmidt 1974 seinen Parteifreund Willy Brandt ab. Der neue Regierungschef errang vor allem als Wirtschaftsfachmann ein hohes internationales Ansehen

Die drastische Erhöhung des Ölpreises machte den Deutschen die Abhängigkeit ihres Wohlstandes von dem Energieträger aus der Wüste klar. Die panische Angst, die OPEC würde den Ölhahn völlig zudrehen, erwies sich rasch als unbegründet. Doch die Petro-Dollar, die im Nahen Osten oder in Nordafrika landeten, veränderten die wirtschaftliche Situation. Der Wohlstandstransfer trieb die Preise in die Höhe. Als die Koalition nach langen Streiks dem öffentlichen Dienst elf Prozent höhere Löhne und Gehälter bewilligte, kam die Inflation auf Touren. Die wirtschaftliche Talfahrt begann.

Spion im Kanzleramt: Günter Guillaume

Die Ära Brandt ging zu Ende. Als sein persönlicher Referent Günter Guillaume als DDR-Spion enttarnt wurde, trat der Mann, der die Aussöhnung der Deutschen mit dem Osten erreicht hatte, resigniert zurück. Sein Nachfolger wurde Helmut Schmidt, gelernter Volkswirt und politischer Pragmatiker. Er mußte mit den Herausforderungen der siebziger Jahre fertig werden: der Verschmutzung von Wasser, Luft und Boden als Folge der Industrialisierung, den Grenzen des Wachstums und dem Kampf gegen den Terrorismus, der mit der Ermordung Günter von Drenkmanns wieder Schlagzeilen machte. Deutschland wurde auf eigenem Boden Fußball-Weltmeister.

Überall ist Stammheim

Kanzler Schmidt hatte ein schweres Erbe angetreten. Die Folgen der Ölpreiserhöhung bekamen die Bundesbürger drastisch zu spüren. Die Inflation übertraf sechs Prozent, die Rezession fiel schlimmer aus als Mitte der sechziger Jahre. Über eine Million Menschen waren arbeitslos. Schmidt versuchte, die ökonomische Talfahrt mit Investitionsprogrammen und steigender Staatsverschuldung zu bremsen. Die Fahrt ins öffentliche Defizit begann. Sie konnte bis heute nicht gestoppt werden.
Der Unmut über die Wirtschaftspolitik auf Pump und die Zweifel an der Wirtschaftskompetenz der sozial-liberalen Koalition gaben den konservativen Kräften Auftrieb. In Berlin wurde die CDU erstmals stärkste Partei. Die Union nominierte den Ministerpräsidenten von Rheinland-Pfalz, Helmut Kohl, als Kanzlerkandidaten für die Bundestagswahl 1976. Der bevorstehende Prozeß gegen die Anführer der Baader-Meinhof-Gruppe in Stammheim, rief neue Anschläge hervor. Erst nach Freilassung von fünf Terroristen kam der entführte Berliner CDU-Politiker Peter Lorenz wieder frei. RAF-Terroristen zündeten eine Bombe in der bundesdeutschen Botschaft in Stockholm, nachdem die Bonner Regierung die Freilassung von 26 weiteren Mitgliedern der Baader-Meinhof-Gruppe abgelehnt hatte. Gesellschaftliche Institutionen wurden in Frage gestellt: Im Jahr der Frau, das der Gleichstellung der Geschlechter gewidmet war, zog Ingmar Bergmans Film „Szenen einer Ehe“ Hunderttausende in die Kinos.

Naturkatastrophe in der Heide: riesige Waldbrände

Einer Festung glich die Haftanstalt Stuttgart-Stammheim, wo die Anführer der Baader-Meinhof-Gruppe in Einzelhaft untergebracht waren. Im Mai 1975 wurde der Prozeß gegen sie eröffnet

1976

Als die Dämme brachen

Einen Monat nach Fertigstellung des 1,3 Milliarden Mark teuren „Jahrhundert-Bauwerks" lief der 115 Kilometer lange Elbe-Seitenkanal südlich des Schiffshebewerks Scharnebeck aus: Auf einer Länge von 20 Metern brach der Deich, Millionen Kubikmeter Wasser überfluteten das Umland der alten Heidestadt Lüneburg. Schon bald erwies sich der Kanal als teure Fehlinvestition

Mit einem politischen Paukenschlag begann das Jahr: Die SPD/FDP-Koalition wurde in Hannover abgewählt.

Der CDU-Kandidat Ernst Albrecht machte im Landtag das Rennen mit Hilfe eines – bis heute unbekannt gebliebenen – Abgeordneten aus dem gegnerischen Lager. Die Wende in Hannover verschaffte der Union die Mehrheit im Bundesrat.

Die Verabschiedung des Mitbestimmungsgesetzes garantierte den Arbeitnehmern Sitz und Stimme in den Aufsichtsräten von Großunternehmen. Der Streik in der Druckindustrie erregte die Republik. In dem Irrglauben, es gebe trotz der wirtschaftlichen Probleme noch Spielräume für soziale Wohltaten, setzten die Politiker aller Parteien vor der Bundestagswahl bei Millionen Rentnern ihre Glaubwürdigkeit aufs Spiel. Sie versprachen, das Altersruhegeld 1977 um zehn Prozent aufzustocken, obwohl Fachleute darauf hinwiesen, daß dies nicht zu bezahlen sei. Das Wort vom Rentenbetrug machte die Runde, als das Versprechen nach der Bundestagswahl nicht einzuhalten war.

Der § 218 wurde neu gefaßt: Der Schwangerschaftsabbruch aus medizinisch-sozialer Indikation wurde möglich. In der DDR nahm die Kritik an der SED zu. Während einer Tournee durch westdeutsche Großstädte wurde der Liedermacher Wolf Biermann ausgebürgert. Die Leser bunter Blätter verschlangen die Geschichte eines modernen Märchens: Der schwedische König nahm die bürgerliche Deutsche Silvia Sommerlath zur Frau.

RAF-Mitglied Ulrike Meinhof: Selbstmord in Stuttgart-Stammheim

Entscheidung in Mogadischu

In der Gewalt der RAF: Arbeitgeber-Präsident Schleyer

Der Terrorismus eskalierte. Ein „Kommando Ulrike-Meinhof-Rote-Armee-Fraktion“ ermordete Generalbundesanwalt Siegfried Buback auf offener Straße. Die Wortführer der Baader-Meinhof-Gruppe wurden zu lebenslanger Haft verurteilt. Mitglieder der RAF erschossen den Vorstandssprecher der Dresdner Bank, Jürgen Ponto, und entführten in Köln den Präsidenten der Bundesvereinigung der Arbeitgeberverbände, Hanns Martin Schleyer, um elf ihrer Mitglieder freizupressen. Arabische Terroristen kaperten eine Lufthansa-Boeing, um den Forderungen der Schleyer-Entführer Nachdruck zu verleihen, töteten in Mogadischu den Flugkapitän Jürgen Schumann und warfen seine Leiche aus dem Flugzeug. Die deutsche Sondertruppe GSG 9 befreite die Geiseln in einer Überraschungsaktion. Stunden später begingen Andreas Baader, Jan-Carl Raspe und Gudrun Ensslin in ihren Zellen in Stuttgart-Stammheim Selbstmord. Am Tag danach wurde die Leiche des entführten Arbeitgeber-Präsidenten im elsässischen Mülhausen gefunden. Der Kampf gegen die Feinde von innen hatte seinen Höhepunkt erreicht.

Auch die Auseinandersetzung um die Kernkraft begann die Deutschen zu spalten. Zehntausende demonstrierten gegen den Bau neuer Atomkraftwerke in Brokdorf und Grohnde. Zwei Symbolfiguren der Nachkriegszeit starben: Ludwig Erhard, Vater des Wirtschaftswunders, und Sepp Herberger, ehemaliger Fußball-Bundestrainer.

Tod der Terroristen: Nur ein Mitglied des arabischen Kommandos, das im Oktober 1977 eine Lufthansa-Boeing 737 mit 92 Menschen an Bord entführt hatte, überlebte die Befreiungsaktion der deutschen Spezialeinheit GSG 9 auf dem Flugplatz der somalischen Hauptstadt Mogadischu. Die Terroristen wollten inhaftierte RAF-Mitglieder freipressen

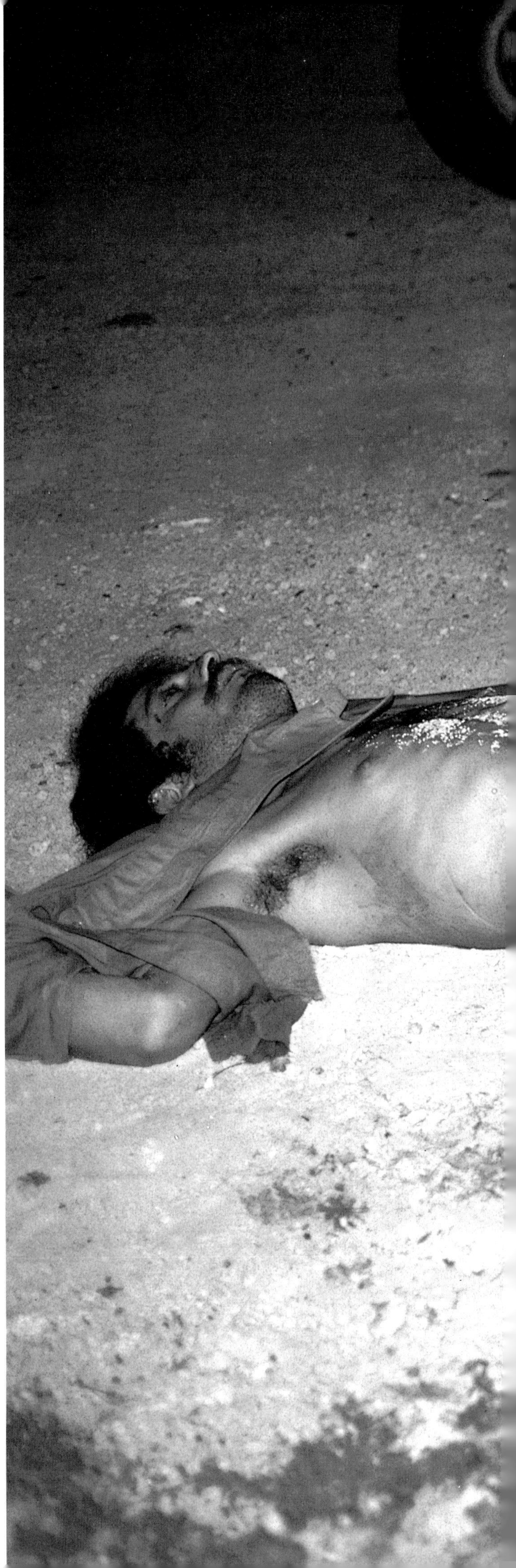

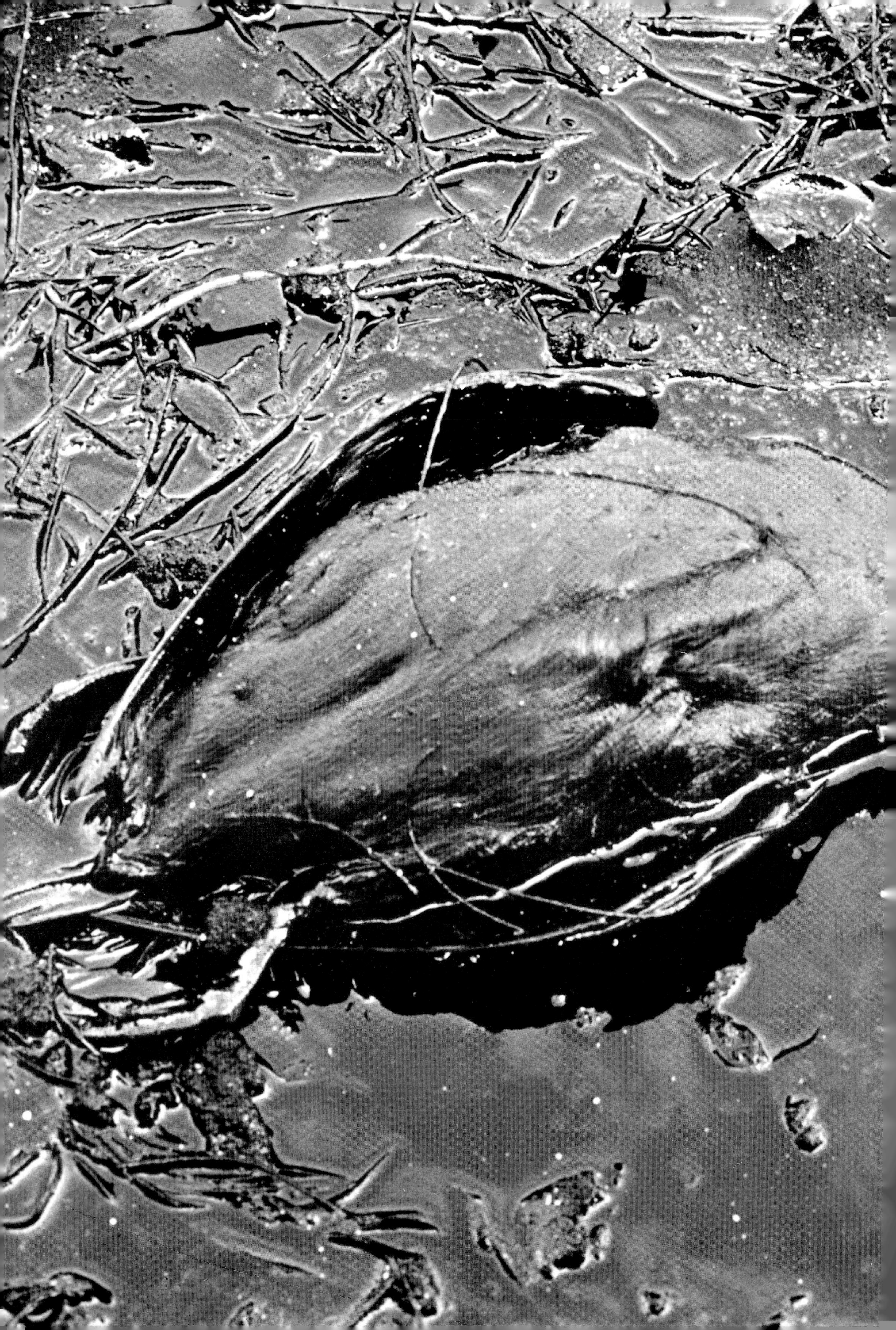

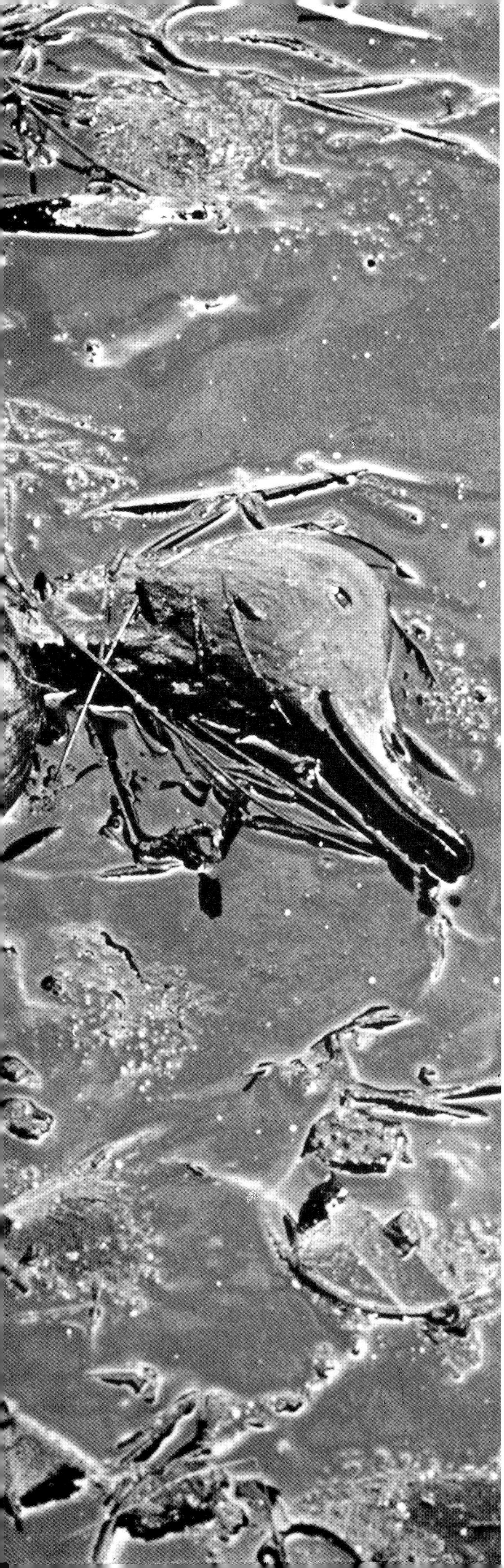

Wildenten verenden an den Küsten der Nordsee: Die Ölpest geht um. Die Einleitung von Schwermetallen in die Flüsse und die Verklappung von Chemieabfällen auf dem offenen Meer zerstören das ökologische Gleichgewicht der Nordsee

1978

Das Ende im giftigen Sumpf

Die Euphorie über die neue Ostpolitik wich mehr und mehr einer nüchternen Betrachtung. Der in Ostberlin unterzeichnete deutsch-deutsche Verkehrsvertrag, der unter anderem den Bau einer Autobahn zwischen Berlin und Hamburg vorsah, brachte den DDR-Bürgern kaum menschliche Erleichterungen. Schon vorher waren in der DDR Rudolf Bahro zu acht Jahren, der Wehrdienstverweigerer Nico Hübner zu fünf Jahren Freiheitsstrafe verurteilt worden. Dem CDU-Vorsitzenden Kohl verweigerten die Ostberliner Machthaber die Einreise zu einem privaten Besuch in ihrer Republik.
Mit der Verabschiedung neuer Anti-Terror-Gesetze erweiterte der Bundestag die Möglichkeiten der Polizei bei der Terroristenfahndung und griff damit in bürgerliche Freiheitsrechte ein – die Sozialdemokraten begannen, liberale Rechtspositionen einzuschränken. Wegen illegaler Abhörpraktiken des Militärischen Abschirmdienstes (MAD) trat Verteidigungsminister Georg Leber zurück. Mit der Einführung neuer Technologien zitterten immer mehr Menschen um ihren Arbeitsplatz – beispielsweise in der Druckindustrie. Die gewerkschaftliche Forderung nach Verkürzung der Wochenarbeitszeit auf 35 Stunden – ein Dauerstreitpunkt zwischen den Sozialpartnern in den achtziger Jahren – führte zu einem Streik in der Stahlindustrie, der viele Betriebe lahmlegte. In Emden lief der letzte in Deutschland gefertigte VW-Käfer vom Band.

Rücktritt wegen NS-Vergangenheit: Ministerpräsident Hans Filbinger

1979

Katastrophen und Umweltaffären

Der neue Sex-Look: die Schau mit der Peep-Show

Mit der Vertreibung von Schah Reza Pahlevi und der Machtübernahme durch Ayatollah Khomeini und seine Revolutionsräte im Iran wurden nicht nur die politischen Karten im Nahen Osten neu gemischt. Die Unruhen ließen zeitweilig die persische Ölförderung für die Bundesrepublik und das westliche Europa versiegen. Die Preise für den lebenswichtigen Saft stiegen daher drastisch – der zweite Ölschock traf die Verbraucher aus heiterem Himmel. Für ihr Heizöl mußten die Bundesbürger Ende 1979 fast doppelt soviel bezahlen wie ein Jahr zuvor.
Aber auch Umweltaffären und die Kernkraft-Diskussion hielten die Deutschen in Atem. Der Giftskandal um die Hamburger Firma Stolzenberg, auf deren Firmengelände unkontrolliert über 100 Tonnen Munition und chemische Kampfstoffe lagerten, der erste Smogalarm im Ruhrgebiet, Berichte über die Atomkatastrophe im Kernkraftwerk „Three Mile Island" im amerikanischen Harrisburg gaben den „Grünen" in der Bundesrepublik Auftrieb. Bei den Wahlen zur Bremer Bürgerschaft zogen erstmals vier ihrer Vertreter in ein Landesparlament ein.
Amnestie in der DDR: Rudolf Bahro und Nico Hübner kamen vorzeitig frei und durften in die Bundesrepublik ausreisen. Dorthin hatten sich auch zwei DDR-Familien nach einer spektakulären Flucht abgesetzt. Mit einem selbstgebastelten Heißluftballon hatten sie die Grenze überflogen.

Eine Schneekatastrophe legte in den ersten Januartagen Norddeutschland lahm. Hubschrauber und Bergungspanzer der Bundeswehr retteten Autofahrer, die in ihren Fahrzeugen festsaßen, und Bewohner abgelegener Höfe vor dem Erfrieren

FLEISCH
GROSS
HANDEL

Fehlstart für Franz Josef Strauß

Die Zeichen des politischen Verschleißes in der SPD verschafften den Liberalen unverhofften Zulauf. Sie errangen bei den Bundestagswahlen mit 10,6 Prozent ein triumphales Ergebnis. Die sozial-liberale Koalition wurde noch einmal bestätigt, doch die Liberalen drückten dem Regierungsprogramm ihren Stempel auf. Der erfolglose Unions-Kandidat Franz Josef Strauß zog sich nach Bayern zurück. Kanzler Schmidt versuchte mit seinem Besuch in der Sowjetunion den Dialog der Großmächte über Abrüstung und Entspannung aufrechtzuerhalten. Doch der russische Einmarsch in Afghanistan hatte das Klima zwischen Ost und West nachhaltig verdorben. Auch die Bundesrepublik sagte die Teilnahme an den Olympischen Spielen in Moskau ab.
Ob Popper, Skinhead, Ted oder Punk – die jungen Deutschen versuchten sich von der schweigenden Mehrheit im grauen Flanell abzuheben. Die kleine Prise Kokain wurde Kick-Symbol der arrivierten Szene. Das Leben ein einziges Fest? 13 Menschen kamen ums Leben, mehr als 200 wurden verstümmelt oder schwer verletzt, als am Ausgang der Münchener Theresienwiese unter den Besuchern des Oktoberfestes eine Bombe explodierte. Der bis dahin schlimmste Terroranschlag in der Geschichte der Bundesrepublik. Täter war vermutlich ein junger Neonazi.

Tod aus der Luft: Der Wald beginnt zu sterben

Franz Josef Strauß startet als Kanzlerkandidat der Union für die Bundestagswahl 1980 seinen letzten Sturm auf die Macht in Bonn. Doch er holte für die CDU und CSU nur 44,5 Prozent der Wählerstimmen – das zweitschlechteste Ergebnis in der Geschichte beider Parteien. Grollend zog sich der Unterlegene nach Bayern zurück und übernahm dort das Amt des Ministerpräsidenten

Mit einem Schiebetor verwehrt die Polizei Demonstranten den Zugang auf das Baugelände des Kernkraftwerks Brokdorf. Mehr als 100 000 Atomkraftgegner werden unter Einsatz von Hubschraubern auseinandergetrieben

Kernkraft und Krawalle

Die Deutschen bekamen Angst vor der Zukunft – Angst vor Arbeitslosigkeit und Atomkraft, Raketen und Rüstungswettlauf. Die Antwort war Gewalt.

Hunderttausende demonstrierten in der Wilster Marsch gegen den Weiterbau des Kernkraftwerks Brokdorf, in Berlin gegen Aufrüstung in Ost und West, in Bonn gegen den NATO-Doppelbeschluß und in Stuttgart gegen die Wirtschafts- und Sozialpolitik der Bonner Regierung. Gewalttätige Auseinandersetzungen lieferten sich die Polizei und die Gegner der Startbahn West am Frankfurter Flughafen. Stiefkinder der Leistungsgesellschaft begehrten gegen falsches Mitleid auf. Geistig und körperlich benachteiligte Menschen forderten im „Jahr der Behinderten" eine faire Behandlung in der Berufs- und Arbeitswelt.

Trotz anhaltender Reisediplomatie geriet der Entspannungsprozeß ins Stocken. Kanzler Schmidt fuhr zum Treffen mit Staats- und Parteichef Erich Honecker in die DDR und empfing den sowjetischen Kreml-Herrn Breschnew zum dritten Besuch in der Bundesrepublik. Fortschritt brachte das nicht. Die Arbeitslosigkeit lag nun ständig über der Millionengrenze. Die öffentlichen Kassen waren leer, die Unternehmer investitionsmüde. Die Zinsen erreichten Rekordhöhe. Mit Steuererhöhungen und dem Abbau von Sozialleistungen versuchte die sozial-liberale Koalition die drohende Fahrt in den Bankrott aufzuhalten.

Den Pharao im Blick: Tutenchamun-Ausstellung in Hamburg

Strahlenalarm nach Tschernobyl: Feuerwehrleute in Schutzkleidung kontrollieren am Grenzübergang Herleshausen aus der DDR kommende Autos. Strahlenverseuchte Wagen werden mit Wasser abgespritzt

Hohe Arbeitslosigkeit und hohe Staatsverschuldung waren die wichtigsten Erblasten, die Kanzler Helmut Kohl nach dem Regierungswechsel zu bewältigen hatte. Er versuchte es mit harten Eingriffen in der Sozial- und Steuerpolitik. Anfällig zeigte sich die Union für den aufkommenden neuen Nationalismus

Wende

Die Wende begann nicht, als Helmut Kohl am 1. Oktober 1982 selbstgefällig auf der Regierungsbank Platz nahm, soeben zum neuen Kanzler gewählt. Sie wurde auch nicht in den Wochen zuvor eingeleitet, als die Liberalen sich für den Partnertausch entschieden. Der Regierungswechsel im Herbst war nur noch die logische Folge des gewandelten Zeitgeistes. Die Wende hatte schon Jahre früher eingesetzt – in den Köpfen der Bürger, dann im öffentlichen Bewußtsein, als nämlich Rezession und Terroranschläge Wohlstand, Behaglichkeit und inneren Frieden der Bevölkerung bedrohten.

Je unsicherer und unruhiger die Lage tatsächlich oder vermeintlich wurde, desto lauter ertönte der Ruf nach Ruhe und Ordnung. In der demokratischen Bewältigung solcher Herausforderungen ungeübt, erlag das Bürgertum, aufgestachelt von den konservativen Kräften, rasch der Versuchung, den starken Staat zu fordern, Gesetzesverschärfungen selbst dann zu tolerieren, wenn dabei Grund- und Freiheitsrechte eingeschränkt, sogar offen verletzt wurden. Gefragt war ein Staat, der freie Hand hatte, die Krise zu meistern; nicht einer, der in seiner Herrschaft begrenzt war, Rücksichten auf demokratische Neuerungen wie Mitsprache und Kontrolle nehmen mußte. Ganz im Sinne alter Obrigkeitsgläubigkeit: Wer regiert, hat alle Macht und immer recht.

Vielleicht wäre der Rückfall in autoritäre Traditionen zu verhindern gewesen, hätte insbesondere die SPD nicht feige gekniffen. Statt das Wagnis einzugehen und den Beweis anzutreten, der Terrorismus könne erfolgreich auch mit streng rechtsstaatlichen Mitteln bekämpft werden, unterwarfen sich die Genossen um Helmut Schmidt kleinmütig der populistischen Zeitströmung. Um nur keinen Wähler zu verprellen, reichten sie einschneidenden Sondergesetzen und weitgehenden Ermächtigungen für Polizei und Geheimdienste die Hand. Dabei mußten sie aber erleben, daß die Unionsparteien, die ständig draufsatteln wollten, in der Gunst der Bürger stets einige Prozentpunkte besser abschnitten.

Nur seiner unbestrittenen Kompetenz als Wirtschaftsexperte, an die niemand in der CDU/CSU heranreichte, und der Tatsache, daß die Bevölkerung die Sicherung des eigenen Wohlstandes noch höher bewertete als den Kampf gegen die Rote Armee

Hans-Dietrich Genscher führte die FDP in die Koalition mit der CDU/CSU. Nach dem Regierungswechsel wurde er heftig angefeindet und gab den Parteivorsitz ab. Genscher ist der erfahrenste Politiker im Kabinett Kohl – sein Ruf als Außenminister ist unbestritten

Fraktion, hatte es Schmidt zu verdanken, daß er die Bundestagswahl 1980 gerade eben gewinnen konnte. Allerdings war ihm dabei auch ein strategischer Fehler der Union zu Hilfe gekommen. Mit der Kür von Franz Josef Strauß zum Kanzlerkandidaten hatte sie ihre Wahlniederlage programmiert. Doch der Verfall der sozial-liberalen Koalition war nicht mehr aufzuhalten. Drei Gründe waren für den Niedergang in den nächsten zwei Jahren ausschlaggebend: die Unfähigkeit der SPD, sich auf die notwendigen Schnitte in das soziale Netz zu einigen und den aus den Fugen geratenen Haushalt zu sanieren, die Unterschätzung der Umweltprobleme und der Streit um die Nachrüstung, in dem die Sozialdemokraten ihrem Kanzler die Gefolgschaft verweigerten.

Obwohl die Wirtschaft nach der Rezession von 1973/74 unter der geschickten Regie von Helmut Schmidt langsam wieder auf Touren kam, häuften sich die Probleme. Die Arbeitslosigkeit stieg, die Staatsverschuldung nahm zu. Der Haushalt mußte dringend in Ordnung gebracht werden. Schmidt und sein Partner, die FDP, waren sich einig, daß dazu Kürzungen bei den Sozialleistungen unumgänglich sein würden. Der Arbeitnehmerflügel in der SPD wollte davon freilich nichts wissen, er blockierte jede Streichung und machte den Kanzler dadurch handlungsunfähig.

In dem Bestreben, die Wirtschaft anzukurbeln und die wiederbelebte Konjunktur nicht gleich wieder durch neue Belastungen der Industrie abzuwürgen, ließ Schmidt die immer drückender werdenden Umweltprobleme weitgehend unbeachtet. Die wachsende Furcht vor der Atomenergie begriff er nicht. Nach seinem Verständnis konnte ein Interessenausgleich zwischen Ökonomie und Ökologie erst erfolgen, wenn die Wirtschaft wieder erstarkt war. Mit diesem Zögern entfremdete der Kanzler zahlreiche Genossen der eigenen Partei und verprellte darüber hinaus viele der SPD nahestehende Bürger. Beide Gruppen orientierten sich politisch neu, zunächst in den Bürgerinitiativen Umweltschutz, später bei den Grünen, die als Sammelbewegung der linken Kräfte rasch zu einer ernst zu nehmenden und bei Wahlen sogar gefährlichen Konkurrenz für die Sozialdemokratie heranwuchsen.

Völlig über Kreuz mit der SPD geriet Schmidt dann in der Auseinandersetzung um die Rüstungspolitik. Die Entspannungspolitik, die nach 1970 neuen

Zum internationalen Star wurde Ute Lemper in Paris mit der Rolle des Cabaret Girls und dem Song „Willkommen, bienvenue, welcome" im Cabaret. Vorher hatte sie in Wien in „Cats" gespielt und die Hauptrolle im Musical „Peter Pan" im Berliner Theater des Westens. Später trat sie mit der „Ute-Lemper-Show" am Broadway auf. Dort wurde sie als „die deutsche Liza Minelli" gefeiert.

Edzard Reuter, der Sohn des ehemaligen Berliner Bürgermeisters Ernst Reuter, ist seit 1987 Vorstandsvorsitzender bei Daimler-Benz. Er gilt als einer der mächtigsten Wirtschaftsmanager der Bundesrepublik.

Absprung zur CDU/CSU vor. Im September 1982 war der Bruch besiegelt. Dreizehn Jahre sozial-liberaler Regentschaft waren zu Ende. Aber sie haben Spuren hinterlassen. Es gibt heute in der Bundesrepublik mehr demokratisches Bewußtsein und republikanischen Geist als in den Gründerjahren – auch in der Beamtenschaft und in der Justiz. Und es gibt eine größere Kontinuität, zum Beispiel in der Deutschland-, Außen- und Sicherheitspolitik, als an jenen Herbsttagen vorausgesehen werden konnte.

Am 1. Oktober 1982 war es soweit. Helmut Kohl übernahm nach Schmidts Demission in Bonn mit viel Pathos das „große Erbe Konrad Adenauers". Doch bevor er es richtig angetreten hatte, gab es schon den ersten Hauskrach. Während Kohl und Genscher Neuwahlen zur Absegnung ihrer Machtübernahme erst für das erste Viertel des Jahres 1983 anpeilten, wollte der CSU-Chef die Bundesbürger sofort an die Urnen rufen.

Strauß' Kalkül: Verärgert über Genschers Wendemanöver, das der FDP-Vorsitzende mit dem Parteiaustritt vieler Mitglieder, die dem linksliberalen Reformflügel angehörten, bezahlen mußte, würden die Wähler die Freidemokraten aus dem Bundestag katapultieren und der Union die absolute Mehrheit verschaffen. Ein Außenminister und Vizekanzler Strauß wäre dann nicht mehr zu verhindern. Und Rücksichtnahme auf die Zielvorstellungen der wetterwendischen Genscher-Truppe wäre auch nicht mehr notwendig. Von solchen Plänen hielt Kohl freilich gar nichts. Auf jeden Fall wollte er die Rückkehr von Strauß an den Rhein abblocken, und das ging nur mit Hilfe der Liberalen. Der starke, unberechenbare Mann aus München am Kabinettstisch in Bonn, gleichsam als „Überkanzler", das war nun überhaupt nicht nach seinem Geschmack.

Die neue Regierung stellte sich erst am 6. März 1983 zur Wahl und gewann deutlich (fast 49 Prozent). Kohls Rechnung war aufgegangen. Nicht der Raketenstreit bestimmte das Abstimmungsverhalten der Bürger, sondern die Sorgen um Arbeitslosigkeit, Finanzmisere und Wirtschaftsaufschwung – Probleme, die den Bürgern stärker unter den Nägeln brannten und bei deren Lösung die SPD zuvor versagt hatte. Der Sieg des CDU-Vorsitzenden war maßgeschneidert: Strauß konnte von Bonn ferngehalten werden. Die FDP hatte überlebt, war jetzt aber mit ihrem geschrumpften Häuflein billiger zu haben. Kohl konnte also zufrieden sein. Wäre da nicht ein kleiner, aber bedeutender Schönheitsfehler gewesen. Erstmals konnte eine Partei in den Bundestag ziehen, die nicht einfach neu gegründet, sondern langsam, aber stetig aus der außerparlamentarischen Bewegung erwachsen war: die Grünen. Für die politische Hygiene in Bonn war das ein Segen. Denn die etablierten Parteien, die sich daran gewöhnt hatten, Unangenehmes zu vertuschen, mußten lernen, daß im Parlament wieder Klartext gesprochen wurde.

Die neue Regierung bot dazu bald reichlich Gelegenheit. Ob nun NATO-Nachrüstung, Parteispendenaffäre, Steuer-, Renten- oder Gesundheitsreform, die Opposition im Bundestag wurde mit Schwächen und Fehlern der Regierung hinreichend eingedeckt. Dabei mußte sie aber damit fertig werden, daß die Regierung im politischen Alltag weitaus moderater, konsensbedachter agierte als das vollmundige Versprechen, eine Politik der „geistig-moralischen Erneuerung" durchzusetzen, befürchten ließ.

Ganz anders, dumpf deutsch, hochmütig und preußisch-autoritär klang es dagegen wieder in den Sonntagsreden. Da wurde erneut der Grenzverlauf in Frage gestellt, Fremdenhaß gepredigt, zur Asylantenhetze aufgerufen. Nationale Untertöne wurden populär, weitere Einschränkungen der Grund- und Freiheitsrechte gefordert, um politisch Andersdenkende einzuschüchtern.

Die unbewältigte Vergangenheit holte die Bundesrepublik ein. Erster Höhepunkt der neuen nationalen Welle war das peinliche Schauspiel um Bitburg. Was Kohl im September 1984 gelungen war, als er mit Frankreichs Staatspräsident Mitterrand über die Schlachtfelder von Verdun schritt, wollte er im Mai 1985 mit dem US-Präsidenten wiederholen: Eine Geste der Versöhnung über den Gräbern des Soldatenfriedhofs in Bitburg sollte die deutsch-amerikanische Freundschaft bekräftigen und Reagans Deutschland-Visite krönen.

Doch statt dessen wurde das Unternehmen zu einem blamablen Ausrutscher. Da in Bitburg auch Tote der Waffen-SS begraben sind, erinnerte der Friedhof viele zugleich an das Hitler-Regime mit seinem Rassenwahn und dem Holocaust von Millionen jüdischer Menschen. Es kam zu massiven Protesten im Inland, in den USA und in Israel, aber Kohl blieb stur, und Reagan fügte sich, obwohl gerade die amerikanischen Juden über die deutsche Instinktlosigkeit hell empört waren.

Nach vierzig Jahren Demokratie demonstrierte Bitburg die typischen Folgen ungebremster nationaler Rhetorik: aggressive Vorurteile, die sich rasch mit unverhüllt antisemitischen Floskeln mischten. Wer aber die Sprechblasen nationaler Versöhnung zur Staatsräson machen will, muß zwangsläufig den Nationalsozialismus und seine Untaten relativieren. Bundespräsident Richard von Weizsäcker fand daher auch keineswegs ungeteilten Beifall, als er in seiner berühmten Rede zur Bedeutung des 8. Mai 1945 die deutsche Schuld am Nazi-Unrecht offen eingestand und dadurch einigen Schaden wieder gutmachte, den Kohls Fehltritt angerichtet hatte.
Bitburg löste eine anhaltende, heftige Kontroverse um das Geschichtsbild der Bundesbürger und den angeblich mit sich selbst versöhnten deutschen Nationalismus aus. Im „Historikerstreit" beklagten konservative Geschichtsprofessoren ungeheure historische Defizite. Der Bürger müsse wieder lernen, auf seine politische Vergangenheit stolz zu sein. Dem Nationalsozialismus mit seinen Verbrechen müsse endlich der Stellenwert zugewiesen werden, der ihm gebühre: ein einmaliger Betriebsunfall in der deutschen Geschichte, nicht allein hausgemacht, sondern zugleich provoziert durch Stalins brutale Herrschaftsmethoden. Mit der Duckmäuserei müsse Schluß sein, „aufrechter Gang" sei angebracht.
Der aber setze einen Konsens aller Bürger voraus, der sich nicht ausschließlich auf demokratische Errungenschaften stützen dürfe, sondern in einem gemeinsamen Geschichtsbild verankert sein müsse, das die nationalen Werte achte. Michael Stürmer brachte die brisanten Gedanken der rückwärtsgewandten Historikergarde auf die anfechtbare Formel: Nur die Nation stille heute „jenen Hunger nach Sinn und Identität, den vordem Religion und Magie befriedigt hatten". Damit aber Nationalismus wachsen könne, brauche der Staat einen neuen „Konsens über Vergangenheit, Gegenwart und Zukunft". Museen müßten deshalb gebaut werden, um die Bevölkerung mit ihrer Geschichte vertraut zu machen.
Die antiquierten, verblasenen und vordemokratischen Thesen stießen bei den Bürgern zwar auf wenig Gegenliebe. Ihre eigentliche Gefahr aber bestand und besteht darin, daß sie unterschwellig fortwirken und das Deuten und Handeln konservativ eingestellter Politiker beeinflussen, vor allem in Krisenzeiten.

Der Moderator der Turnschuh-Generation: Mit Thomas Gottschalk kam ein neuer Typ von Entertainer auf den Bildschirm. Die ZDF-Unterhaltungs-Sendung „Wetten, daß ..." übernahm er von Frank Elstner

Otto Graf Lambsdorff war Wirtschaftsminister, bis ihn die Spendenaffäre zum Rücktritt zwang. Sein Wiederaufstieg in der FDP gelang ihm mit der Wahl zum Parteivorsitzenden

1982

Die Wende – wohin?

Mordprozeß Bachmeier: Die junge Mutter hatte den Mörder ihrer Tochter erschossen

Die Hoffnungen, den Deutschen könnte nach der zweiten Ölkrise eine Rezession erspart bleiben, erwies sich als trügerisch. Die Konjunktur sackte durch: Rund 12 000 Firmen mußten Konkurs oder Vergleich anmelden, darunter Konzerne wie AEG oder Bauknecht. Die Zahl der Arbeitslosen stieg zum Jahresende erstmals über die Grenze von zwei Millionen. Das Sozialprodukt schrumpfte um rund ein Prozent. Die sozial-liberale Regierung versuchte mit einem Beschäftigungsprogramm in Höhe von zwölf Milliarden Mark gegenzuhalten. Ohne Erfolg. Trotz Erhöhung der Steuern auf Zigaretten, Branntwein und Sekt, trotz Kürzung von Sozialleistungen und sparsamer Haushaltsführung wuchs das Defizit auf fast 40 Milliarden Mark.

Der Skandal um den Wohnungskonzern „Neue Heimat" erschütterte das Vertrauen in die Gewerkschaften. Die Bonner Staatsanwaltschaft begann mit den Ermittlungen in der Flick-Spendenaffäre. Die Glaubwürdigkeit der Parteien stand auf dem Spiel.

Der Widerstand gegen das Wettrüsten erreichte den Höhepunkt. Mehr als 300 000 Bundesbürger demonstrierten in Bonn gegen den Besuch von US-Präsident Reagan und den NATO-Gipfel.

Wirtschaftsminister Lambsdorff kritisierte immer schärfer den Kurs der sozial-liberalen Koalition und bereitete damit den Wechsel der FDP ins konservative Lager vor. Nach dem Rückzug ihrer vier Minister aus dem Kabinett einigte sich die FDP mit den Unionsparteien, die Regierung Schmidt mit einem konstruktiven Mißtrauensvotum zu stürzen. Helmut Kohl wurde zum sechsten Regierungschef der Bundesrepublik gewählt.

Nach seiner Wahl zum Bundeskanzler am 1. Oktober nahm der CDU-Vorsitzende Helmut Kohl auf dem Sessel des Regierungschefs im Bundestag Platz. Die Wende in Bonn war mit Hilfe der Liberalen vollzogen worden. Sie hatten das Bündnis mit den Sozialdemokraten nach 13 Jahren aufgekündigt

1983

Raketenstart für Kohl

Neue Mittelstreckenraketen vom Typ Pershing wurden 1983 in der Bundesrepublik stationiert, obwohl Millionen Deutsche auf der Straße gegen die Nachrüstung protestiert hatten, prominente Rüstungsgegner das US-Militärdepot in Mutlangen blockierten und sich zwischen Stuttgart und Neu-Ulm eine 108 Kilometer lange Menschenkette zum Protest formiert hatte. Aber das Wettrüsten ging weiter

Auseinandersetzungen über die Nachrüstung erschütterten die Republik.

Gleichwohl beschloß das Parlament gegen die Stimmen von SPD und Grünen, die bei den vorgezogenen Wahlen erstmals in den Bundestag gekommen waren, am NATO-Doppelbeschluß festzuhalten.

Mit dem Abbau von Sozialleistungen begann das neue Kabinett, die Staatsfinanzen zu sanieren. Die Regierung Kohl kürzte das Kindergeld, erhöhte die Beiträge zur Renten- und Arbeitslosenversicherung, führte die Kostenbeteiligung bei Krankenhausaufenthalten und Kuren ein und erstattete ausländischen Arbeitnehmern ihre Rentenansprüche, wenn sie in die Heimat zurückkehrten. Die Verhaftung des früheren Gestapo-Chefs von Lyon, Klaus Barbie, und die Veröffentlichung angeblicher Hitler-Tagebücher, die sich als Fälschung erwiesen, lösten wieder Diskussionen über die NS-Vergangenheit aus.

14 Millionen Bundesbürger verfolgten am Bildschirm die Intrigen und Affären der amerikanischen TV-Millionärsfamilien Ewing und Carrington in den Serien „Dallas" und „Denver". Deutsche Teenager und Hausfrauen trimmten sich mit Aerobic.

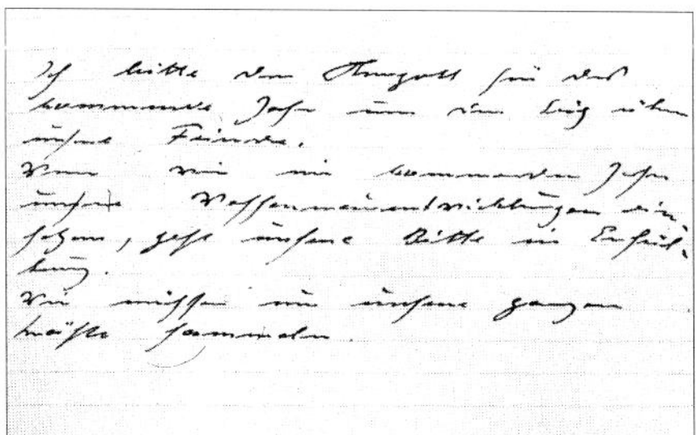

Hitlers Tagebücher entpuppten sich als Fälschung

Mit Erhebung der Anklage gegen Bundeswirtschaftsminister Lambsdorff, seinen Vorgänger Friderichs und frühere Flick-Manager nahm der Parteienskandal neue Dimensionen an. An Bord des von der Bundesrepublik gebauten Weltraumlabors „Spacelab" flog der Stuttgarter Physiker Ulf Merbold als erster Bundesbürger mit der NASA-Weltraumfähre „Columbia" ins Weltall.

Flick-Werke in Bonn

Die Regierung bot ein trauriges Schauspiel. Kanzler Kohl hielt seinen Verteidigungsminister Manfred Wörner am Kabinettstisch, obwohl der den Vier-Sterne-General Günter Kießling wegen angeblicher homosexueller Beziehungen entlassen hatte, den verdienten Offizier aber voll rehabilitieren mußte. Entrüstung löste das Gesetzesvorhaben aus, Steuervergehen im Zusammenhang mit Parteispenden straffrei zu stellen.

Dürfen Ärzte Todkranken Sterbehilfe leisten? Eine leidenschaftliche Diskussion entbrannte um den Chirurgen Julius Hakkethal, der einer krebskranken Patientin mit Zyankali zum Selbstmord verholfen hatte.

Die Flick-Parteispendenaffäre forderte prominente Opfer. Wirtschaftsminister Lambsdorff trat zurück, sein Vorgänger Hans Friderichs ließ sich vom Vorstandsvorsitz bei der Dresdner Bank entbinden. Schließlich räumte auch Rainer Barzel seinen Sessel als Bundestagspräsident. Die

Ein Mann von Welt: Richard von Weizsäcker wurde Bundespräsident

Wahl Richard von Weizsäckers zum Staatsoberhaupt erwies sich als einziger Lichtblick. Die Bundesrepublik wurde vom Kampf um die 35-Stunden-Woche erschüttert. Es gab wochenlange Streiks und Aussperrungen. Schließlich vereinbarten Gewerkschaften und Arbeitgeber in der Metallindustrie von April 1985 an eine wöchentliche Arbeitszeit von nur noch 38,5 Stunden.

Keiner Schuld bewußt zeigte sich der Großindustrielle Friedrich-Karl Flick, dessen Konzern an Politiker und Parteien Millionen Spendengelder gezahlt hatte, um für sich Stimmung zu machen

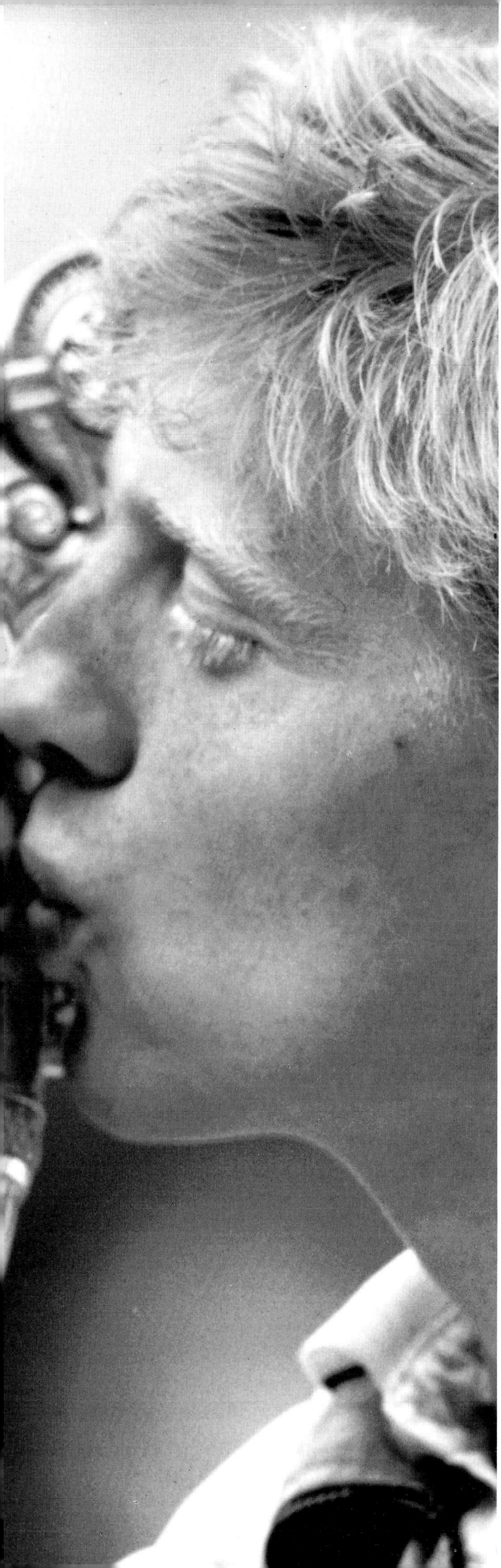

Ein Kuß für den Cup: Jüngster Wimbledon-Sieger aller Zeiten wurde der 17jährige Boris Becker aus Leimen bei Heidelberg. Zum ersten Mal gewann ein Deutscher diese inoffizielle Tennisweltmeisterschaft

Goldener Pokal und mieser Wein

Für positive Schlagzeilen sorgten die Deutschen im Ausland. Die Wissenschafts-Astronauten Reinhard Furrer und Ernst Messerschmidt starteten mit „Spacelab D-1" unter deutscher Regie in den Weltraum, dem Physiker Klaus von Klitzing wurde der Nobelpreis für Physik verliehen. Sensationell gewann der Außenseiter Boris Becker die inoffiziellen Tennisweltmeisterschaften in Wimbledon.

In der Bundesrepublik beherrschten Umweltskandale die Szene. Im Ruhrgebiet gab es erstmals Smog-Alarmstufe III. Weinpanschereien mit Glykol und zerkleinerte Hühnerembryos in Nudeln verdarben Verbrauchern den Geschmack. Die

Abschied vom Gewissen der Nation: Heinrich Böll ist tot

neue Seuche Aids rückte mit dem Tod des Schauspielers Rock Hudson immer stärker ins öffentliche Bewußtsein. Kanzler Kohl verlor nicht nur seinen Regierungssprecher Peter Boenisch, der wegen eines Steuerverfahrens zurücktrat, seine Partei erlitt auch bei den Landtagswahlen in Nordrhein-Westfalen und dem Saarland empfindliche Schlappen: Mit ihrem Spitzenkandidaten Oskar Lafontaine löste die SPD in Saarbrücken die CDU in der Regierung ab. In Hessen gab es die erste rot-grüne Koalition mit dem Grünen-Umweltminister Joschka Fischer.

Mit seinem Vorhaben, das Streikrecht auszuhöhlen und indirekt von Streiks und Aussperrungen betroffenen Arbeitnehmern das Kurzarbeitergeld zu streichen, löste der Kanzler den ersten größeren politischen Streik in der Bundesrepublik aus: Eine halbe Million Arbeitnehmer legte die Arbeit nieder.

Neue Heimat, alte Fehler

Katastrophen und Umweltaffären erschütterten den Glauben der Deutschen an die Beherrschbarkeit der modernen Technik. Von der bisher größten Kernkraftkatastrophe, die sich in Tschernobyl bei Kiew ereignet hatte, waren auch die Bundesbürger durch einen bedrohlichen Anstieg der Strahlenbelastung betroffen. Die EG stoppte die Einfuhr strahlengeschädigter Lebensmittel aus Osteuropa. Chemikalien, die beim Löschen eines Großbrandes auf dem Gelände des Baseler Chemiekonzerns Sandoz in den Rhein flossen, töteten das Leben im Fluß und seinen Seitenarmen.

Der Kanzler hatte Glück im Unglück: Ermittlungen des Staatsanwalts wegen des Verdachts der Falschaussage in der Parteispendenaffäre wurden eingestellt, bei den niedersächsischen Landtagswahlen im Juni konnte sich sein Statthalter Ernst Albrecht noch einmal vor dem stark aufkommenden Herausforderer Gerhard Schröder ins Ziel retten.

Frisur zum Schocken: Die Punks machen Mode

Hamburg wurde noch attraktiver: Im Operettenhaus der Hansestadt lief die deutsche Erstaufführung von Andrew Lloyd Webbers Erfolgsmusical „Cats".

RAF-Terroristen machten wieder Schlagzeilen: Sie töteten den Siemens-Manager Karl-Heinz Beckurts mit einer ferngezündeten Bombe und erschossen auf offener Straße den Abteilungsleiter im Auswärtigen Amt Gerold von Braunmühl.

Für eine Mark kaufte der Berliner Brotfabrikant Horst Schiesser den Gewerkschaften ihren konkursreifen Wohnungsbau-Konzern Neue Heimat ab. Bei dem Versuch, den mit 17 Milliarden Mark verschuldeten Immobiliengiganten zu sanieren, war der Berliner Mittelständler jedoch schon nach wenigen Wochen mit seinem Latein am Ende. Die Gewerkschaften mußten die Neue Heimat für eine Mark plus Entschädigung in Millionenhöhe zurückkaufen und weitere Milliarden aus dem Gewerkschaftsvermögen für die Sanierung beisteuern

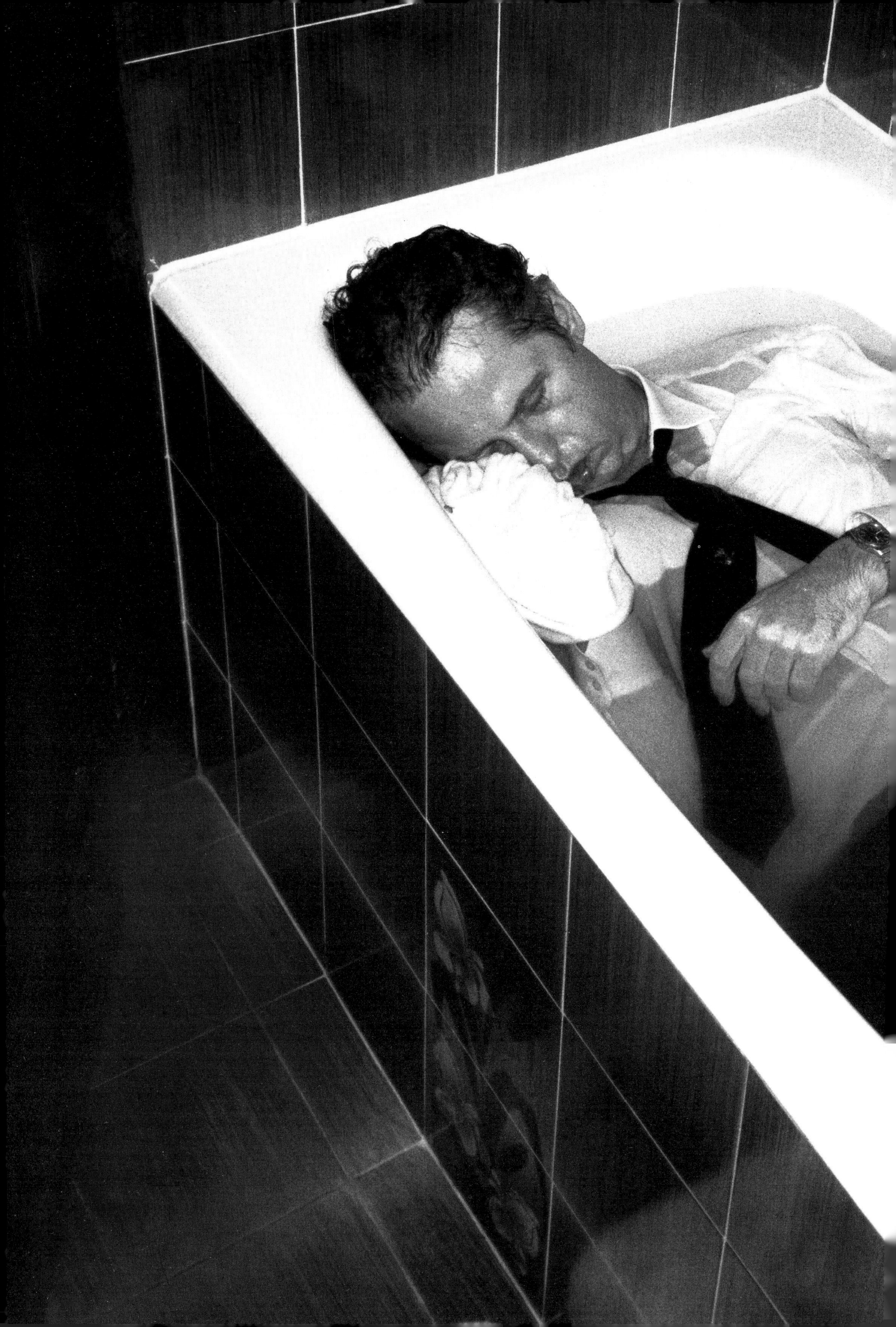

Ende einer Karriere: Nach seinem Rücktritt als schleswig-holsteinischer Ministerpräsident wurde Uwe Barschel tot in der Badewanne des Zimmers 317 im Genfer Hotel „Beau Rivage“ aufgefunden. Die Diffamierungskampagne gegen seinen SPD-Kontrahenten Björn Engholm kostete nicht nur ihn das Amt, sondern die CDU später auch die Macht im nördlichsten Bundesland

Waterkantgate und Aids-Gesetze

Aids machte Schlagzeilen. Bayern schrieb Zwangstests für bestimmte Personengruppen vor. Aufregung verursachten 5000 Tonnen radioaktives Molkepulver (Tschernobyl), das in Güterwagen hin- und hergeschoben wurde, das Verschwinden von Fässern mit gefährlichem Atommüll und die Landung des jungen Privatpiloten Mathias Rust aus Wedel mit einer „Cessna“ auf dem Roten Platz in Moskau.

Massenproteste gab es im Ruhrgebiet, als der Krupp-Konzern das Hüttenwerk Rheinhausen dicht machen wollte. Angst vor einer weltweiten Wirtschaftskrise herrschte nach dem Zusammenbruch der Aktienkurse an den internationalen Börsen.

Nach Willy Brandts Rücktritt vom SPD-Parteivorsitz erschütterte ein Polit-Skandal die Bundesrepublik: Reiner Pfeiffer, Medienreferent in Schleswig-Holstein, enthüllte die Tricks und Machenschaften, mit denen Regierungschef Uwe Barschel seinen Gegenkandidaten diffamiert hatte.

Traditionen wankten. Der Europäische Gerichtshof brachte deutsche Biertrinker auf die Palme, als er das 471 Jahre alte Bier-Reinheitsgebot für unzulässig erklärte.

Hoffnung auf Abrüstung und dauerhaften Frieden lösten US-Präsident Reagan und Kreml-Chef Gorbatschow aus. Sie unterzeichneten einen Vertrag zur Abschaffung der Mittelstreckenraketen.

Landung auf dem Roten Platz: Flieger Mathias Rust mit seiner „Cessna“

1988

Als die Robben starben

Tödliche Flugschau: Unglück von Ramstein

Um die Arbeitslosigkeit zu bekämpfen, forderte der stellvertretende SPD-Vorsitzende Oskar Lafontaine Arbeitszeitverkürzung ohne vollen Lohnausgleich. Flexible Arbeitszeit, Sonntagsarbeit, längere Ladenöffnungszeiten und die Bewahrung erkämpfter Arbeitnehmerrechte im künftigen europäischen Binnenmarkt erhitzten die Gemüter. Einen Krimi aus dem Leben holte das Fernsehen live ins Wohnzimmer: Die Bundesbürger verfolgten am Bildschirm das Geiseldrama von Gladbeck, bei dem zwei Bankräuber 54 Stunden die Polizei in Atem hielten.
Die Diskussion, ob die Bundesrepublik für die Unternehmen noch ein wettbewerbsfähiger Standort sei, schürte die Angst um den Arbeitsplatz. Mit der Gesundheitsreform wurde der weitere Abbau des Sozialstaates beschlossen.
Umweltängste wurden durch das Robbensterben und den Skandal um hormonbehandeltes Kalbfleisch verstärkt.
Kanzler Kohl ersetzte Bundestagspräsident Philipp Jenninger, der nach seiner Rede zur „Reichskristallnacht" zurückgetreten war, durch Gesundheitsministerin Rita Süssmuth. Die niedersächsische Spielbankaffäre zwang Innenminister Wilfried Hasselmann zum Rücktritt.
Die Tennisfans konnten sich freuen: Steffi Graf gewann nicht nur in Wimbledon, sondern mit Turniersiegen in Australien, Frankreich und den USA auch gleich den inoffiziellen Grand Slam. Das Daviscup-Team der Herren holte die begehrte Mannschaftstrophäe zum ersten Mal nach Deutschland.

Qualvoll verendeten mehrere tausend Robben an den Stränden der Nord- und Ostsee an Lungenentzündung, die durch Viren hervorgerufen wurde. Auch dies wieder eine Folge der Umweltverseuchung. Nach der Umweltkatastrophe in Norddeutschland erinnerten sich viele an die düstere Vorhersage: „Erst stirbt die Robbe, dann der Mensch"

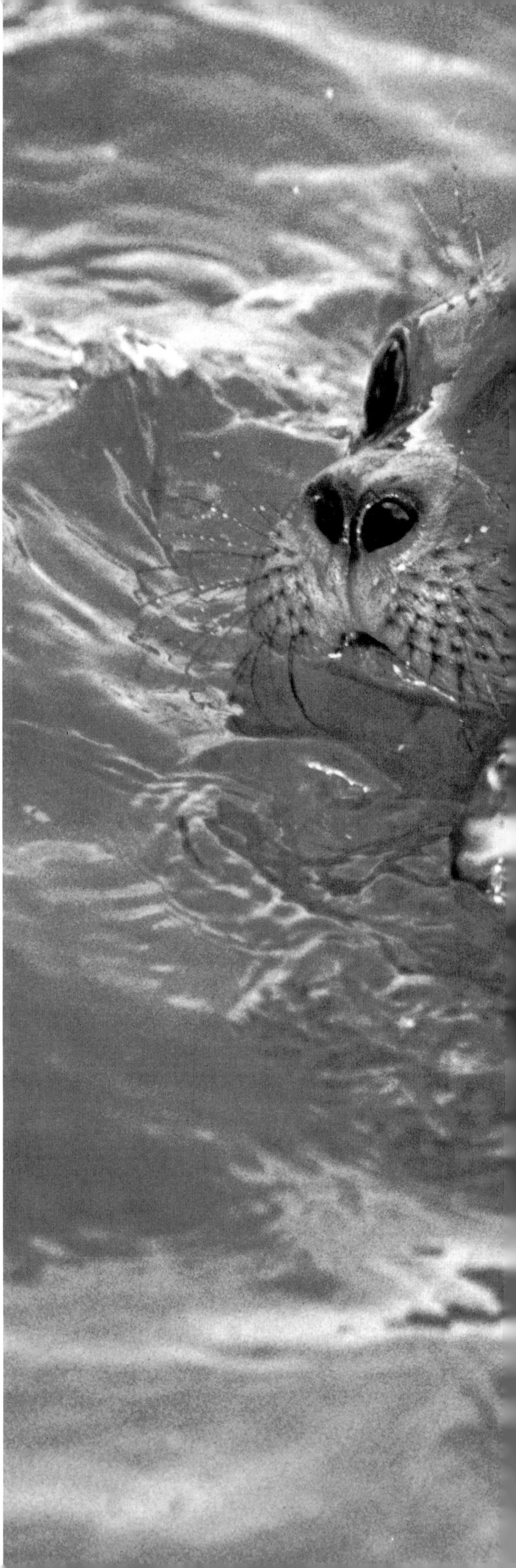

Chronik der Bundesrepublik Deutschland

1949

24. Mai.
Das Grundgesetz der Bundesrepublik Deutschland tritt für eine „Übergangszeit", wie es in der Präambel heißt, in Kraft.
14. August.
Bei den Wahlen zum Ersten Deutschen Bundestag erringt die CDU/CSU mit 31,0 Prozent die Mehrheit gegenüber 29,2 Prozent der SPD und 11,9 Prozent der FDP; insgesamt sind 11 Fraktionen im Bundestag vertreten, da es noch keine Sperrklausel gibt.
15. September.
Nachdem drei Tage zuvor die Bundesversammlung den FDP-Politiker Theodor Heuss zum Bundespräsidenten gewählt hatte, wird jetzt Konrad Adenauer mit einer – seiner eigenen – Stimme Mehrheit zum Kanzler gewählt.
21. September.
Das neue Besatzungsstatut, das die bundesdeutsche Rechtsordnung überlagert, wird in Kraft gesetzt.
7. Oktober.
Bundeskanzler Adenauer protestiert gegen die Gründung der DDR und ihre in Kraft gesetzte Verfassung; 14 Tage später formuliert er vor dem Bundestag den Anspruch auf Alleinvertretung Deutschlands.
12.–14. Oktober.
In München gründen die Einzelgewerkschaften den Deutschen Gewerkschaftsbund.

1950

3. März.
Die französische und die saarländische Regierung akzeptieren 12 Konventionen, die das „autonome" Saarland eng an Frankreich binden. Die Bundesregierung erhebt Einspruch dagegen.
22. März.
Die Bundesregierung fordert erstmals öffentlich die Wiedervereinigung der beiden Teile Deutschlands durch freie Wahlen.
6. Juni.
Die Regierungen Polens und der DDR vereinbaren in der Warschauer Deklaration und weiteren Abkommen, daß die im Potsdamer Abkommen festgelegte Oder-Neiße-Grenze die unantastbare Grenze zwischen beiden Staaten sein soll.
8. Juli.
Die Bundesrepublik Deutschland tritt dem Europarat als assoziiertes Mitglied bei.
5. August.
In der „Charta der Heimatvertriebenen" erklären die ostdeutschen Landsmannschaften ihren Verzicht auf Rache und Vergeltung.
9. Oktober.
Der Bundesinnenminister Gustav Heinemann tritt wegen Adenauers Wiederbewaffnungspolitik zurück. Viele Menschen demonstrieren gegen eine deutsche Wiederaufrüstung.
27. November.
Der Bundesrechnungshof wird als eigenständige Oberste Bundesbehörde für Kontroll- und Prüfungsaufgaben eingerichtet.
20. Dezember.
Das Bundesversorgungsgesetz vereinheitlicht die Kriegsopferversorgung für Beschädigte und Hinterbliebene.

1951

12. März.
Per Gesetz werden Aufbau, Funktion und Einsetzung des Bundesverfassungsgerichts geregelt.
21. Mai.
Der Bundestag beschließt das Gesetz über die Montanmitbestimmung.
Juni.
Die ersten Filmfestspiele in Berlin finden statt.
9. Juli.
Beendigung des Kriegszustandes zwischen den Westmächten und der Bundesrepublik.
10. August.
Die Bundesrepublik Deutschland tritt dem Allgemeinen Zoll- und Handelsabkommen (GATT) bei.
9. Dezember.
Bei einer Volksabstimmung spricht sich die Bevölkerung der Länder Baden und Württemberg für einen gemeinsamen Südweststaat aus.

1952

10. März.
Stalin schlägt den Westmächten die Wiedervereinigung und bewaffnete Neutralität Deutschlands vor. Die Westmächte lehnen mit Billigung Bundeskanzler Adenauers ab.
9. April.
In einer zweiten Note bietet Stalin darüber hinaus freie gesamtdeutsche Wahlen an, ohne daß die Westmächte dies akzeptieren.

26. Mai.
Die Außenminister der Westmächte unterzeichnen den Deutschland-Vertrag, der die Beziehungen zwischen der Bundesrepublik und Frankreich, Großbritannien und den USA regeln soll. Als Reaktion darauf beginnen die ostdeutschen Behörden mit der Abriegelung der innerdeutschen Grenze.
10. September.
Die Bundesregierung unterzeichnet das Luxemburger Abkommen, in dem sie sich verpflichtet, eine kollektive Wiedergutmachung im Wert von drei Mrd. Mark an Israel zu erbringen und überdies 450 Mio. Mark an die Conference on Jewish Material Claims Against Germany zu bezahlen.
11. Oktober.
Das Betriebsverfassungsgesetz tritt in Kraft. Es regelt Mitwirkung und Mitbestimmung der Arbeitnehmer in den privatwirtschaftlichen Betrieben.
23. Oktober.
Das Bundesverfassungsgericht verbietet die Sozialistische Reichspartei als rechtsradikal und verfassungswidrig.
Weihnachten.
Der Nordwestdeutsche Rundfunk beginnt mit der Ausstrahlung eines regelmäßigen Fernsehprogramms.

1953

27. Februar.
Im Londoner Schuldenabkommen wird festgelegt, daß die BRD aus Vorkriegsschulden und Nachkriegshilfe 30 Mrd. Mark Schulden hat, von denen sie 15,3 Mrd. zurückzahlen muß.
17. Juni.
Der Volksaufstand in der DDR und Ostberlin wird gewaltsam niedergeschlagen; im August erhebt die Bundesrepublik den Tag zum gesetzlichen Feiertag.
September.
Seit Kriegsende sind 2,2 Millionen Wohnungen gebaut worden.
6. September.
Bei den Wahlen zum Zweiten Deutschen Bundestag ist die Fünf-Prozent-Klausel in Kraft; die Regierungskoalition aus CDU/CSU, FDP/FVP, DP und GB/BHE hat mehr als zwei Drittel aller Sitze und kann damit die Wiederaufrüstung durchsetzen.

1954

17. Juli.
Bundespräsident Theodor Heuss wird von der Bundesversammlung wiedergewählt.
20. Juli.
Der oberste Verfassungsschützer, Otto John, setzt sich in die DDR ab.
31. August.
Die französische Nationalversammlung lehnt die Ratifizierung des Vertrags über eine europäische Armee (EVG) ab. Als Folge kann der Deutschland-Vertrag nicht in Kraft treten.
19.-23. Oktober.
Auf vier Pariser Konferenzen werden die Beziehungen der Staaten der „westlichen Gemeinschaft“ in den Pariser Verträgen neu geregelt und damit der Deutschlandvertrag neu gefaßt.
13. November.
Nach dem neuen Kindergeldgesetz wird Kindergeld für das dritte und jedes weitere Kind aus einer Kasse bezahlt, in die die Arbeitgeber einlegen müssen.

1955

25. Januar.
Die UdSSR erklärt den Kriegszustand mit der Bundesrepublik für beendet.
5. Mai.
Die ratifizierten Pariser Verträge treten in Kraft; damit erlischt das Besatzungsstatut der BRD, die alliierten Hohen Kommissare werden durch Botschafter ersetzt, die BRD ist – von wenigen alliierten Sonderrechten abgesehen – souverän. Sie tritt zwei Tage später der Westeuropäischen Union und nochmals zwei Tage später der NATO bei.
6. Juni.
Der bisherige Sicherheitsbeauftragte Blank wird der erste Bundesverteidigungsminister.
8. September.
Bei dem ersten Besuch Bundeskanzler Adenauers in der Sowjetunion wird eine Normalisierung der Beziehungen erreicht: Aufnahme diplomatischer Beziehungen sowie die Freilassung von Kriegsgefangenen und Internierten.
23. Oktober.
In einer Volksabstimmung lehnen zwei Drittel der stimmberechtigten Saarländer das zwischen Frankreich und der BRD ausgehandelte Saarstatut ab und votieren für eine Eingliederung in die Bundesrepublik.
9. Dezember.
Die Bundesregierung formuliert die „Hallstein-Doktrin“: Wenn ein Land diplomatische Beziehungen zur DDR aufnimmt, wird dies von der BRD als „unfreundlicher Akt“ angesehen mit entsprechenden Konsequenzen. Die diplomatischen Beziehungen zur UdSSR gelten dabei als Sonderfall.

1956

Sommer.
In der Bundesrepublik beginnt die „Freßwelle“.
7. Juli.
Der Bundestag beschließt die allgemeine Wehrpflicht.
17. August.
Das Bundesverfassungsgericht erklärt die KPD für verfassungswidrig.
Oktober.
Die ARD beginnt mit der täglichen Ausstrahlung der Tagesschau.
16. Oktober.
Bei einer Kabinettsumbildung wird der vorherige Atomminister Franz Josef Strauß Bundesverteidigungsminister.

1957

1. Januar.
Das Saarland wird politisch und 1959 auch wirtschaftlich in die Bundesrepublik eingegliedert.
25. März.
Die Römischen Verträge über die Gründung einer Europäischen Wirtschaftsgemeinschaft EWG werden unterzeichnet.
12. April.
Führende Atomwissenschaftler sprechen sich im „Göttinger Manifest“ gegen die atomare Bewaffnung der Bundeswehr aus.
3. Juni.
Der Münsteraner Bischof Michael Keller erklärt die SPD als nicht wählbar für Katholiken.
27. Juli.
Das Gesetz gegen Wettbewerbsbeschränkungen zielt als wichtige Ergänzung des Grundgedankens einer sozialen Marktwirtschaft auf die Verhinderung von Kartellen und Monopolen.
1. August.
An die Stelle der mit der Währungsreform eingeführten „Bank Deutscher Länder“ tritt die Deutsche Bundesbank, die von Weisungen der Regierung unabhängig ist.
15. September.
Unter dem Slogan „Keine Experimente“ gewinnt die CDU/CSU bei den Bundestagswahlen die absolute Mehrheit.

1958

2. Januar.
In Flensburg nimmt die Verkehrssünder-Kartei ihre Arbeit auf.
14. März.
Der „deutsche Ersatzkaiser“ der Regenbogenpresse, Schah Reza Pahlewi, läßt sich von seiner deutschstämmigen Frau Soraya scheiden.
25. März.
Der Bundestag stimmt mehrheitlich einer atomaren Ausrüstung der Bundeswehr im Rahmen der NATO zu. Die von SPD, Gewerkschaften und Intellektuellen getragene Bewegung „Kampf dem Atomtod“ initiiert Massenproteste.

17. April.
In Hamburg demonstrieren 150.000 Bürger gegen die geplante atomare Bewaffnung der Bundeswehr.
Oktober.
Elvis Presley beginnt seine Militärzeit im hessischen Friedberg.
4. Oktober.
„Bubi" Scholz wird Europameister im Mittelgewicht.
27. November.
Die Sowjetunion fordert ultimativ die Entmilitarisierung Westberlins sowie seine Umwandlung in eine selbständige politische Einheit.
Dezember.
In der BRD sind mittlerweile 1 Million Fernsehgeräte angemeldet.

1959

18. März.
In ihrem „Deutschlandplan" fordert die SPD die Schaffung einer entmilitarisierten und atomwaffenfreien Zone in Mitteleuropa, die Deutschland, CSSR, Polen und Ungarn umfassen soll und damit kombiniert die schrittweise Wiederherstellung der deutschen Einheit.
25. März.
Der französische Staatspräsident Charles de Gaulle erkennt in einer Pressekonferenz die Oder-Neiße-Linie als deutsche Ostgrenze an.
1. Juli.
Die Bundesversammlung wählt in Westberlin Heinrich Lübke zum neuen Bundespräsidenten.
15. November.
Auf ihrem außerordentlichen Parteitag in Bad Godesberg verabschiedet sich die SPD mit ihrem neuen Grundsatzprogramm von jedem Marxismus.
23. Dezember.
Das Atomgesetz wird verabschiedet, in dem die Erforschung und Nutzung der Atomenergie zu friedlichen Zwecken geregelt wird.

1960

17. März.
Die Lufthansa setzt auf der Linie Frankfurt - New York Düsenflugzeuge ein.
30. Juni.
In einer Grundsatzrede vor dem Deutschen Bundestag macht Herbert Wehner deutlich, daß auch die SPD jetzt der Westintegration den Vorrang vor der Wiedervereinigung einräumt.
21. - 25. November.
Auf dem Parteitag der SPD wird der Regierende Bürgermeister Westberlins, Willy Brandt, zum Kanzlerkandidaten gewählt.

1961

16. März.
Gleich am Ausgabetag verdoppelt sich der Kurs der privatisierten VW-Aktie auf 700 Mark.
28. April.
Das Außenwirtschaftsgesetz schafft die staatliche Devisenkontrolle ab, die seit Kriegsende bestanden hatte.
30. Juni.
Der Bundestag beschließt zur Neuordnung des Fürsorge- und Armenrechts das Bundessozialhilfegesetz.
10. August.
Der 150 000. DDR-Flüchtling in diesem Jahr überquert die Grenze.
13. August.
Die DDR riegelt mit dem Bau der „Mauer" die Sektoren- und Zonengrenzen nach Westberlin hermetisch ab; die Alliierten reagieren zurückhaltend.
17. September.
Bei den Wahlen zum Vierten Deutschen Bundestag erzielt die FDP mit dem Motto „Für die CDU - ohne Adenauer" die größten Stimmengewinne, tritt jedoch danach in eine Koalition unter Bundeskanzler Adenauer ein.
November.
Die Chemiefirma Grünenthal hält die Warnungen vor dem Schlafmittel Contergan weiterhin für unbegründet; kurz danach wird das Medikament aus dem Handel gezogen.
14. November.
Erstmals in der Geschichte der BRD wird eine Frau Ministerin: Elisabeth Schwarzhaupt ist zuständig für Gesundheit.

1962

24. Januar.
Die DDR führt die allgemeine Wehrpflicht ein.
17. Februar.
Flutkatastrophe in Norddeutschland.
28. März.
Der Bundestag setzt einen Untersuchungsausschuß ein, der die FIBAG-Affäre und die Rolle von Franz Josef Strauß bei dem dahinterstehenden Beschaffungsskandal untersuchen soll.
31. Mai.
In Israel wird nach einem großen Prozeß einer der Hauptschuldigen für die „Endlösung der Judenfrage", der ehemalige SS-Obersturmbannführer Adolf Eichmann, hingerichtet.
22. Juni.
Wegen Polizeimaßnahmen gegen Straßenmusikanten kommt es zu den mehrere Tage dauernden Münchner Krawallen.
26. Oktober.
Die „Spiegel"-Affäre: Verteidigungsminister Strauß läßt die „Spiegel"-Gebäude durchsuchen, die Zentrale besetzen, das Magazin unter Vorzensur stellen und belügt den Bundestag über seine Verantwortlichkeit. Strauß muß aufgrund des Drucks der FDP zurücktreten, bleibt aber straffrei.

1963

22. Januar.
Frankreich und die BRD unterzeichnen den deutsch-französischen Freundschaftsvertrag.
1. April.
Fast zehn Jahre nach der ARD geht jetzt auch das zweite Deutsche Fernsehen auf Sendung.
26. Juni.
Während seines dreitägigen Besuches in der Bundesrepublik kommt US-Präsident Kennedy auch nach Berlin und spricht seinen berühmten Satz: „Ich bin ein Berliner."
19. August.
Die Bundesregierung unterzeichnet trotz erheblicher Bedenken das Atomteststopp-Abkommen.
15. Oktober.
Bundeskanzler Adenauer tritt zurück; sein Nachfolger wird Wirtschaftsminister Ludwig Erhard, der „Vater des Wirtschaftswunders".
17. Dezember.
Erstmals seit dem Mauerbau dürfen Westberliner aufgrund eines Passierscheinabkommens Ostberliner Verwandte besuchen.

1964

März.
Der Bergman-Film „Das Schweigen" beschäftigt öffentliche Meinung und Staatsanwälte.
28. Juni.
Demonstrationen gegen den am Bau von KZs beteiligten Bundespräsidenten Lübke, der dennoch am 1.7. wiedergewählt wird.
Juli.
Der Modeschöpfer Rudi Gernreich propagiert die „Oben-ohne-Mode".
27. Juli.
Die Bundesbank reagiert auf den wachsenden Wohlstand und führt den 1000-Mark-Schein ein.
9. September.
Die DDR-Regierung gestattet ihren Bürgern im Rentenalter das Reisen in den Westen.
18. Dezember.
Der Plan, die Grenze zur DDR mit Atomminen zu sichern, wird von der Öffentlichkeit kritisiert und zurückgestellt.

1965

25. März.
Der Bundestag beschließt nach schweren Auseinandersetzungen eine Verlängerung der Verjährungsfrist von NS-Verbrechen.
5. Mai.
Das 2. Vermögensbildungsgesetz soll dazu beitragen, daß „Vermögen in Arbeitnehmerhand" gebildet wird.
19. August.
In Frankfurt endet der Auschwitzprozeß, das bisher größte Strafverfahren gegen NS-Verbrecher, mit sechs lebenslangen und elf Zeitstrafen.
4. September.
Das populärste Vorbild der deutschen Jugend, der Urwaldarzt Albert Schweitzer, stirbt in Lambarene.
15. September.
Bei einem Auftritt der Rolling Stones auf der Waldbühne in Berlin kommt es zu Krawallen und Sachschäden.
23. September.
In Berlin werden fünf „Gammler" festgenommen, weil sie „Jesus war der erste Gammler" an die Wand der Gedächtniskirche geschrieben hatten.
10. November.
In seiner Regierungserklärung nach der gewonnenen Bundestagswahl propagiert Kanzler Erhard „Maßhalten" und erklärt als Ziel eine „formierte Gesellschaft"; er verlangt weiter, daß alle eine Stunde Mehrarbeit je Woche leisten.

1966

11. März.
Die wirtschaftliche Krise spitzt sich zu; 310000 Bergleute im Ruhrgebiet streiken gegen Zechenstillegungen.
22. Mai.
Eine von vielen Vietnam-Veranstaltungen im Land: von SDS organisierter Kongreß in Frankfurt mit 2200 Teilnehmern.
Sommer.
Während in Kalifornien die Hippie-Bewegung blüht, findet die sexuelle Befreiung in der BRD unter der Kuratel von Oswalt Kolle statt.
19. Juli.
Das Bundesverfassungsgericht erklärt die staatliche Parteienfinanzierung für verfassungswidrig.
27. Oktober.
Die FDP zieht wegen von der CDU angestrebten Steuererhöhungen ihre Minister aus der Regierungskoalition zurück; nach langen Verhandlungen wird eine Große Koalition von CDU/CSU und SPD gebildet, die den baden-württembergischen Ministerpräsidenten Kurt Georg Kiesinger zum Kanzler wählt. Brandt wird Außenminister, Strauß Finanzminister.
10. Dezember.
Die außerparlamentarische Opposition beginnt sich zu formieren.

1967

1. Januar.
In Berlin wird die Kommune I gegründet.
31. Januar.
Zum erstenmal nach 1955 nimmt die BRD diplomatische Beziehungen zu einem Ostblockland, nämlich zu Rumänien, auf.
10. Februar.
Der Sänger Freddy Quinn erhält seine zehnte Goldene Schallplatte.
14. Februar.
Vertreter des Staates, der Tarifparteien und der Wissenschaft treffen sich auf Anregung Wirtschaftsminister Schillers erstmals zur „Konzertierten Aktion", in der sie ihr Handeln abstimmen sollen.
2. Juni.
Während der Schah von Persien mit Bundespräsident Lübke in der Westberliner Oper weilt, kommt es zu schweren Auseinandersetzungen zwischen Polizei und Demonstranten und zum ersten Toten der sich bildenden Studentenbewegung: Der Student Benno Ohnesorg wird von einem Polizisten von hinten erschossen. Im September tritt deswegen der Regierende Bürgermeister Heinrich Albertz zurück.
14. Juni.
Mit dem neuen Stabilitätsgesetz verfügt die Bundesregierung erstmals über ein Planungs- und Steuerungsinstrument, um die wirtschaftlichen Hauptziele durchzusetzen: Preisstabilität, Vollbeschäftigung, Außenhandelsgleichgewicht und Wachstum.
1. Juli.
Die Europäische Wirtschaftsgemeinschaft, die Montanunion und die Euratom, in denen jeweils die gleichen sechs Länder vertreten sind, fusionieren zur Europäischen Gemeinschaft.
24. Juli.
Das neue Parteiengesetz regelt Struktur und Finanzgebaren der politischen Parteien.

1968

1. Januar.
Die Mehrwertsteuer wird eingeführt; sie ersetzt die Brutto-Umsatzsteuer.
24. Januar.
Nach tagelangen Demonstrationen und Blockaden werden die Tariferhöhungen der Bremischen Verkehrsbetriebe zurückgenommen.
21. Februar.
Als Antwort auf die Studentendemonstrationen vom 18.2. demonstrieren 80000 „gute" Berliner gegen die Studentenbewegung unter dem Motto: „Berlin darf nicht Saigon werden!"
4. April.
Andreas Baader und Gudrun Ensslin sowie zwei Mittäter werden wegen des Legens von Brandsätzen in Frankfurter Kaufhäusern festgenommen.
10. April.
Rudi Dutschke wird bei einem Attentat in Berlin schwer verletzt; die Studentenbewegung macht das Verlagshaus Springer dafür verantwortlich. Es kommt zu Blockaden und schweren Auseinandersetzungen mit der Polizei.
28. April.
Bei den Wahlen in Baden-Württemberg erzielt die rechtsextreme NPD fast 10 Prozent der Stimmen und zieht zum siebten Mal in ein Landesparlament ein, verliert jedoch danach wieder an Wählerstimmen und Bedeutung.
30. Mai.
Trotz vielfältiger Proteste aus nahezu allen Schichten und Gruppen der Bevölkerung werden mit den Stimmen der SPD die Notstandsgesetze verabschiedet.
22. September.
Mit der Gründung der DKP stellt sich erstmals wieder eine legale kommunistische Partei zur Wahl.

1969

31. Januar.
Bundestagspräsident Gerstenmaier tritt wegen umstrittener Entschädigungszahlungen, die er im Rahmen der Wiedergutmachung erhalten hatte, zurück.
5. März.
Der SPD-Politiker Gustav Heinemann wird zum Präsidenten der Bundesrepublik Deutschland gewählt.
9. Mai.
Mit zwei vom Bundestag beschlossenen Reformgesetzen wird das Strafrecht entmottet: zum Beispiel stehen jetzt Duelle, Gotteslästerung und Ehebruch nicht mehr unter Strafe. Auch wird größerer Nachdruck auf die Resozialisierung gelegt.

Juni.
Ein Insektenvernichtungsmittel, das in den Rhein gelangt, vernichtet den Fischbestand des Flusses weitgehend.
12. Juni.
Der Bundestag beschließt, die für Angestellte bestehende Lohnfortzahlung im Krankheitsfall auf die Arbeiter auszudehnen.
2. September.
Mehr als 14000 Arbeiter streiken „wild", um bei den in der Hochkonjunktur anfallenden Gewinnen mit höheren Löhnen beteiligt zu werden.
28. September.
Bei den Bundestagswahlen überwindet die FDP mit dem Slogan „Wir schaffen die alten Zöpfe ab" gerade noch die Fünf-Prozent-Hürde; die NPD bleibt knapp darunter.
22. Oktober.
Willy Brandt wird als Kanzler einer sozial-liberalen Koalition vereidigt.
27. November.
Die Kultusminister beschließen, Gesamtschulen zusätzlich zu den traditionellen Gymnasien als Schulversuch einzurichten.
28. November.
Unter Vorbehalt unterzeichnet die Bundesregierung den Atomwaffensperrvertrag.

1970

19. März.
Bundeskanzler Brandt und der DDR-Ministerpräsident Willi Stoph treffen sich zum ersten Gespräch zweier deutscher Regierungschefs in Erfurt, zwei Monate später abermals in Kassel.
21. März.
Der SDS gibt seine Auflösung bekannt und zieht damit die Konsequenz aus dem Zerfall der Studentenbewegung in unterschiedliche K-Gruppen und Spontis.
14. Mai.
Mit der gewaltsamen Befreiung von Andreas Baader aus dem Gefängnis – organisiert von Ulrike Meinhof – beginnt der Marsch der Roten Armee Fraktion (RAF) in den Untergrund.
20. Mai.
Der Bundestag beschließt eine begrenzte Amnestie, um Demonstrationsstraftäter wieder in die Gesellschaft hereinzuholen.
12. August.
Von Bundesrepublik und UdSSR wird der Moskauer Vertrag unterzeichnet, der einen gegenseitigen Gewaltverzicht und die Anerkennung der territorialen Ordnung beinhaltet. Am 7.12. folgt der Warschauer Vertrag mit Polen; beide werden erst 1972 nach langen innenpolitischen Auseinandersetzungen ratifiziert.

1971

13. Mai.
Nach dem Rücktritt Finanzminister Möllers wird Karl Schiller „Superminister" für Wirtschaft und Finanzen.
Juni.
Der Streit um die Abschaffung des Paragraphen 218 erreicht mit der Selbstbezichtigung vieler auch prominenter Frauen, Schwangerschaften abgebrochen zu haben, einen Höhepunkt.
12. Juni.
Nach 50 Tagen Bummelstreik setzen die Fluglotsen ihre Forderungen auf mehr Gehalt und bessere Arbeitsbedingungen durch.
19. Juli.
Der Bundestag beschließt das Städtebaufördcrungsgcsctz, das cinc Sanicrungswelle in Gang setzt.
3. September.
Die vier Siegermächte unterzeichnen das Berlin-Abkommen, das auf praktische Verbesserungen zielt, ohne rechtliche Fragen lösen zu wollen.
15. Oktober.
Der Bundestag beschließt schärfere Strafen für Drogenmißbrauch.
10. Dezember.
Wegen seiner Ostpolitik erhält Willy Brandt den Friedensnobelpreis.

1972

28. Januar.
Der Bundeskanzler und die Ministerpräsidenten der Länder beschließen den Radikalenerlaß, der „Extremisten" vom öffentlichen Dienst fernhalten soll.
17. Februar.
Der 15.007.034. Käfer macht dieses Auto zum erfolgreichsten Modell aller Zeiten: Der Ford Modell T ist überholt.
27. April.
Bei dem von CDU/CSU angestrengten konstruktiven Mißtrauensvotum gegen Bundeskanzler Willy Brandt erhält deren Kanzlerkandidat Barzel unter ungeklärten Umständen nicht alle Stimmen seiner Partei; das Votum scheitert.
1. Juni.
Die erste Generation der RAF, Baader, Meins und Raspe, werden festgenommen, kurz darauf auch Ensslin und Meinhof.
5. September.
Palästinensische Terroristen nehmen Mitglieder der israelischen Olympiamannschaft bei den Spielen in München als Geiseln; die Attentäter und ihre Gefangenen sterben bei einem Befreiungsversuch auf dem Flughafen Fürstenfeldbruck. Die „heiteren Spiele" gehen weiter. Die Innenminister beschließen wenige Tage darauf, eine Antiterrortruppe aufzustellen, die GSG 9.
19. November.
Bei den vorgezogenen Neuwahlen zum Bundestag wird die SPD erstmals stärkste Partei.
10. Dezember.
Heinrich Böll erhält den Nobelpreis für Literatur.
21. Dezember.
Zwischen BRD und DDR wird der Grundlagenvertrag geschlossen, der nachbarschaftliche Beziehungen zwischen beiden Staaten herstellen soll.

1973

8. Januar.
Das deutsche Fernsehen kauft die amerikanische Kindersendung Sesamstraße, über die heftig diskutiert wird.
7.-11. Juni.
Als erster Bundeskanzler besucht Willy Brandt den Staat Israel.
9. August.
Der Zivildienst wird dem Wehrdienst rechtlich und materiell gleichgestellt.
18. September.
Die Bundesrepublik und die DDR werden per Akklamation in die UNO aufgenommen.
22. November.
Die Bundesregierung beschließt einen generellen Anwerbestop für ausländische Arbeitnehmer.
23. November.
Das 4. Strafrechtsreformgesetz bringt auch Änderungen im Sexualstrafrecht: Kuppelei und Homosexualität werden nur noch verfolgt, wenn dabei Minderjährige geschützt werden müssen, das Pornographieverbot wird gelockert.
25. November.
Aufgrund der „Ölkrise" wegen des israelisch-arabischen Yom-Kippur-Krieges erläßt die Bundesregierung ein Sonntagsfahrverbot sowie Tempolimits auf allen Straßen und Autobahnen.
11. Dezember.
Im Prager Vertrag mit der CSSR wird das Münchner Abkommen von 1938 als von vornherein nichtig bezeichnet und die Beziehungen zwischen beiden Staaten auf die Grundlage von Gewaltverzicht und Anerkennung der bestehenden Grenzen gestellt.

1974

15. März.
Das Bundesimmissionsschutzgesetz soll besonders die Verunreinigung der Luft verringern helfen.
26. April.
Der Bundestag beschließt die Fristenregelung für Schwangerschaftsabbrüche; eine Entscheidung, die das Bundesverfassungsgericht jedoch für verfassungswidrig erklärt.
6. Mai.
Bundeskanzler Willy Brandt tritt zurück, weil sein persönlicher Referent Guillaume als DDR-Offizier enttarnt wurde. Helmut Schmidt wird sein Nachfolger.
15. Mai.
Bundesaußenminister und FDP-Vorsitzender Walter Scheel wird zum Bundespräsidenten gewählt; sein Nachfolger in beiden Ämtern wird Genscher.
26. Juni.
Wegen Fehlspekulationen macht die Herstatt-Bank in Köln Pleite.
9. November.
Das RAF-Mitglied Holger Meins stirbt bei einem Hungerstreik für eine Zusammenlegung der Häftlinge. Tags darauf wird der Berliner Kammergerichtspräsident von Drenkmann ermordet.
4. Dezember.
Jean-Paul Sartre besucht Andreas Baader im Gefängnis Stuttgart-Stammheim und spricht anschließend von Folter.

1975

1. Januar.
Zum Jahresbeginn wird das Volljährigkeitsalter von 21 auf 18 Jahre gesenkt.
1. Februar.
Der Bundestag beschließt ein neues Namensrecht: Ehegatten können jetzt auch den Namen der Frau als Familiennamen annehmen.
12. Februar.
Beim „politischen Aschermittwoch" in Passau spricht CSU-Vorsitzender Strauß von einem „Saustall ohnegleichen", zu dem die sozial-liberale Koalition die Bundesrepublik gemacht habe.
20. Februar.
Die Polizei räumt den von AKW-Gegnern besetzten Bauplatz im badischen Wyhl.
27. Februar.
Die „Bewegung 2. Juni" entführt den Berliner CDU-Vorsitzenden Peter Lorenz, der gegen die Freilassung von RAF-Gefangenen am 5.3. wieder freikommt.
15. April.
Das größte AKW der Welt im hessischen Biblis geht ans Netz.
21. Mai.
In Stuttgart-Stammheim beginnt der Prozeß gegen die Rote Armee Fraktion.
10. Oktober.
„Die verlorene Ehre der Katharina Blum", ein Film von Volker Schlöndorff und Margarethe von Trotta nach einem Buch von Heinrich Böll, hat Premiere.

1976

26. Januar.
Der Bundestag beschließt mit dem Hochschulrahmengesetz zum erstenmal ein länderübergreifendes Hochschulgesetz.
4. Mai.
Das Mitbestimmungsgesetz wird beschlossen. Dadurch wird die in den Montanbetrieben seit Jahrzehnten geübte Mitbestimmung durch die Arbeitnehmer im Aufsichtsrat auf alle Großbetriebe ausgeweitet; eine Verfassungsklage der Arbeitgeber dagegen wird zurückgewiesen.
9. Mai.
Im Gefängnis von Stammheim erhängt sich Ulrike Meinhof.
18. Mai.
Der Bundestag beschließt statt der vom Verfassungsgericht verworfenen Fristenlösung die erweiterte Indikationslösung bei Schwangerschaftsunterbrechungen.
18. August.
Als neuer Straftatbestand wird die Mitgliedschaft in einer terroristischen Vereinigung eingeführt.
3. Oktober.
Trotz des Slogans „Freiheit oder Sozialismus" gelingt es der Union nicht, bei den Wahlen zum Bundestag die sozialliberale Koalition zu besiegen.
21. Oktober.
Die Bundesrepublik wird für zwei Jahre Mitglied im Weltsicherheitsrat.
16. November.
Wolf Biermann wird aus der DDR ausgebürgert.
19. November.
Die CSU-Fraktion im Bundestag beschließt in Kreuth die Trennung von der CDU, nimmt diesen Beschluß aber wieder zurück, als die mit dem „Einmarsch" in Bayern droht.

1977

19. Februar.
Demonstration von Zehntausenden gegen das geplante AKW Brokdorf.
26. Februar.
Es wird bekannt, daß der Verfassungsschutz illegalerweise den Atommanager Klaus Traube abgehört hat.
19. März.
Bei Anti-AKW-Demonstrationen in Grohnde kommt es zu schweren Ausschreitungen.
7. April.
In Karlsruhe werden Generalbundesanwalt Buback und sein Fahrer von der RAF ermordet. Die „klammheimliche Freude" eines Göttinger „Mescalero" darüber, der gleichwohl die Tat sehr kritisch sieht, führt zu massiven Reaktionen der Staatsgewalt.
27. Juni.
Der Bundestag verabschiedet das Krankenversicherungs-Kostendämpfungsgesetz und beschließt eine Anpassung der Rentenversicherung an den erwarteten „Rentnerberg".
30. Juli.
Die RAF ermordet den Dresdner-Bank-Chef Jürgen Ponto.
5. September.
Arbeitgeberpräsident Hanns Martin Schleyer wird von der RAF entführt; die Regierung will sich auf die Forderungen der Entführer nicht einlassen. Am 13.10. wird zusätzlich eine Lufthansa-Maschine aus Mallorca nach Mogadischu entführt; dort werden die Geiseln am 18.10. von der GSG 9 befreit. In der gleichen Nacht werden im Stammheimer Hochsicherheitstrakt Andreas Baader, Gudrun Ensslin und Jan-Carl Raspe tot aufgefunden. Daraufhin wird auch Schleyer von seinen Entführern ermordet.

1978

1. Januar.
Das Bundesdatenschutzgesetz tritt in Kraft.
8. Februar.
Mit Schwerpunktstreiks wehren sich die Drucker gegen die Einführung neuer Technologien, weil sie um ihre Arbeitsplätze fürchten.
16. Februar.
Der Bundestag beschließt eine Reihe weiterer Anti-Terror-Gesetze, die vor allem die Befugnisse der Strafverfolgungsbehörden erweitern.
1. März.
Der Kurs des Dollar fällt erstmals unter zwei Mark.
29. März.
Das Dritte Internationale Russell-Tribunal untersucht die Bürgerrechte in Deutschland Ost und Deutschland West.
13. April.
Das Bundesverfassungsgericht erklärt die Abschaffung der Gewissensprüfung für Zivildienstleistende, die der Bundestag 1977 beschlossen hatte, für verfassungswidrig.
11. Juli.
Der CDU-Bundestagsabgeordnete und Ökologe Herbert Gruhl tritt aus seiner Partei aus und gründet zwei Tage später die Grüne Aktion Zukunft.

13. Juli.
Der Schriftsteller Rolf Hochhuth erhält vom Stuttgarter Landgericht das Recht, den baden-württembergischen Ministerpräsidenten Filbinger wegen seiner Aktivitäten bei Kriegsende einen „furchtbaren Juristen“ zu nennen. Filbinger tritt am 7. 8. zurück.

1979

7. Januar.
Nach 44 Tagen endet der Streik der IG Metall, ohne daß der Einstieg in die 35-Stunden-Woche erreicht ist.
22. - 27. Januar.
Die Ausstrahlung der US-Serie „Holocaust“ in den dritten Programmen des Fernsehens provoziert eine Debatte über den Nationalsozialismus.
23. Mai.
Karl Carstens wird zum Bundespräsidenten gewählt.
23. August.
Bau und Betrieb von Atomkraftwerken werden per Gesetz an einen Entsorgungsnachweis gebunden; Bund und Länder legen sich auf den Gorlebener Salzstock als Endlager fest.
7. Oktober.
In Bremen gelangen die Grünen erstmals in ein Länderparlament.
11. Oktober.
Der Regimekritiker Rudolf Bahro darf aus der DDR ausreisen.
12. Dezember.
Mit Unterstützung Bundeskanzler Schmidts faßt die Nato den „Doppelbeschluß“ über die Nachrüstung mit Mittelstreckenraketen.
24. Dezember.
Rudi Dutschke stirbt in Aarhus in Dänemark.

1980

13. Januar.
Auf dem Bundeskongreß der Landesverbände der Grünen wird die Bundespartei gegründet.
6. Mai.
Bei einem „öffentlichen Gelöbnis“ von Bundeswehrrekruten in Bremen kommt es zu schweren Krawallen.
4. Juni.
Die Polizei räumt die in Gorleben seit einem Monat bestehende „Freie Republik Wendland“.
9. Juli.
In Baden-Württemberg und Hessen werden die „Asylanten“ kaserniert.
5. Oktober.
Bei den Bundestagswahlen erringt die CDU/CSU unter Kanzlerkandidat Strauß nicht die notwendige Mehrheit.

1981

28. Februar.
Zu der Anti-AKW-Demonstration in Brokdorf kommen trotz Verbots hunderttausend Atomkraftgegner.
5. März.
In Nürnberg werden die 141 Besucher des Jugendzentrums KOMM verhaftet.
11. Mai.
Der hessische Wirtschaftsminister Heinz Karry (FDP) wird ermordet.
30. Juni.
Im Düsseldorfer Prozeß gegen Aufseherinnen im KZ Majdanek werden milde Urteile gefällt.
28. August.
Der 200. Starfighter stürzt ab.
9. September.
Asylbewerber dürfen jetzt zwei Jahre lang nicht arbeiten.
10. Oktober.
Fast eine halbe Million Menschen demonstrieren in Bonn gegen die Nachrüstung.
14. November.
Großdemonstration in Frankfurt gegen die geplante Flughafenerweiterung; am Tag darauf wird dieser blokkiert.

1982

1. Januar.
Die sozialpolitischen Spargesetze der „Operation '81“ treten in Kraft.
17. Januar.
Die letzte Folge der Fernsehserie „Traumschiff“ zieht 22 Millionen Zuschauer in ihren Bann.
8. Februar.
Die Affäre um die gewerkschaftseigene „Neue Heimat“ wird aufgedeckt.
10. Juni.
400.000 Friedensbewegte demonstrieren gegen den NATO-Gipfel in Bonn.
5. Juli.
Der Flick-Skandal läuft richtig an: Die Notizen des Buchhalters Diehl machen das Kürzel „wg.“ gesellschaftsfähig.
17. September.
Die FDP zieht wegen Streitigkeiten um die Wirtschaftspolitik ihre Minister aus dem Kabinett Schmidt ab.
1. Oktober.
Das Ende der sozial-liberalen Ära: Helmut Kohl wird per konstruktivem Mißtrauensvotum zum Kanzler einer Koalition aus CDU/CSU und FDP gewählt.
24. Oktober.
Nach längeren Verhandlungen scheitert in Hamburg der Versuch von Grün-Alternativer Liste und SPD, eine Koalition einzugehen, an der Frage der Atomenergie.

1983

6. März.
Erstmals ziehen die Grünen in den Bundestag ein; die Regierungskoalition wird ansonsten bestätigt.
13. April.
Das Bundesverfassungsgericht erläßt eine Einstweilige Verfügung gegen die Durchführung der Volkszählung.
19. Mai.
Der Bundestag setzt den Flick-Untersuchungsausschuß ein.
Juni.
Die Angst vor der Immunschwächekrankheit AIDS wird durch Presseberichte hochgetrieben.
15. Juni.
CDU-Generalsekretär Geißler vertritt die Ansicht, daß der Pazifismus der dreißiger Jahre „erst Auschwitz möglich gemacht“ habe.
30. August.
Der türkische Asylbewerber Cemal Altun begeht aus Angst vor Auslieferung in Berlin Selbstmord.
22. Oktober.
1,3 Millionen Menschen demonstrieren gegen den Nachrüstungsbeschluß.
22. November.
Der Bundestag billigt die Aufstellung neuer Mittelstreckenraketen in der BRD.

1984

5. Januar.
Der von Verteidigungsminister Wörner erzwungene Rücktritt General Kießlings wegen eines Gerüchts, er sei homosexuell, wird bekannt; im Februar wird Kießling rehabilitiert.
3. April.
Die Bundestagsfraktion der Grünen wählt einen rein weiblichen Vorstand.
23. Mai.
Richard von Weizsäcker wird zum Bundespräsidenten gewählt.
20. Juni.
Die Chemiefabrik Boehringer muß ihre Hamburger Filiale wegen Dioxin-Vergiftung schließen.
31. Juli.
Der Bundestag billigt die Inbetriebnahme der „Dreckschleuder der Nation“, des Kraftwerks Buschhaus, ohne eine Entschwefelungsanlage zu fordern.
16. Oktober.
Die Waldschadensbilanz weist aus, daß jeder zweite Baum krank ist.

25. Oktober.
Bundestagspräsident Rainer Barzel muß wegen eines bekanntgewordenen Beratervertrages mit Flick zurücktreten.

1985

18. Januar.
Im Ruhrgebiet wird die höchste Stufe des Smog-Alarms ausgerufen.
4. Februar.
Mit 2,619 Millionen Arbeitslosen ist der höchste Stand seit Bestehen der Bundesrepublik erreicht.
19. April.
Das „Beschäftigungsförderungsgesetz", das darauf abzielt, durch den Abbau von Schutzrechten für Arbeitnehmer eine höhere Beschäftigung zu erzielen, wird beschlossen.
5. Mai.
In Bitburg legen US-Präsident Reagan und Bundeskanzler Kohl auf dem Soldatenfriedhof, auf dem auch SS-Männer begraben liegen, Kränze nieder.
12. Dezember.
Joschka Fischer wird in Hessen der erste grüne Minister.

1986

20. Februar.
Der Film zu Günter Wallraffs Bestseller „Ganz unten" über das Leben türkischer Arbeitnehmer - das erfolgreichste politische Buch seit Gründung der BRD - läuft an.
30. März.
Trotz erbitterten Widerstands verabschiedet der Bundestag eine Änderung des Streikrechts: Auch nur mittelbar betroffene Arbeitnehmer haben kein Anrecht auf Unterstützung durch das Arbeitsamt.
April.
Es wird bekannt, daß der Verfassungsschutz 1978 einen V-Mann beauftragt hat, ein Loch in die Celler Gefängnismauer zu sprengen, um das Vertrauen der RAF zu gewinnen.
7. Mai.
In einer Fernsehansprache behauptet Innenminister Zimmermann, in der BRD sei die Lage nach dem Atomunfall von Tschernobyl voll unter Kontrolle; es bestehe keine Gefahr. Einen Monat später wird Walter Wallmann erster Bundesumweltminister.
8. Juni.
In Hamburg wird eine komplette Demonstration von mehr als 800 Menschen auf dem Heiligengeistfeld von der Polizei eingekesselt und bis zu 16 Stunden festgehalten.
1. Juli.
In Schleswig-Holstein strahlt zum ersten Mal ein Privatsender sein Rundfunkprogramm landesweit aus.
31. Dezember.
Die ARD vertauscht die Neujahrsansprache Bundeskanzler Kohls mit der Aufzeichnung vom Vorjahr und sendet diese.

1987

4. Januar.
Bundeskanzler Kohl behauptet, die DDR halte ihre politischen Gefangenen in Konzentrationslagern.
12. Januar.
Zum ersten Mal seit 1953 sind die Preise im Jahresdurchschnitt zurückgegangen.
25. Januar.
Bei den Wahlen zum Bundestag wird die Regierungskoalition bestätigt.
9. Februar.
Wegen der Atompolitik der hessischen Regierung ziehen die Grünen aus der Koalition aus.
16. Februar.
Wegen Steuerhinterziehung werden die ehemaligen Bundeswirtschaftsminister Hans Friderichs und Otto Graf Lambsdorff zu Geldstrafen verurteilt; der ehemalige Flick-Manager von Brauchitsch erhält zwei Jahre Freiheitsentzug auf Bewährung.
24. Februar.
Die Koalitionsparteien einigen sich über die Steuerreform.
12. März.
Der Europäische Gerichtshof verpflichtet die BRD, auch Bier zum Verkauf gelangen zu lassen, das nicht dem deutschen Reinheitsgebot genügt.
1. April.
Die Ausgabe der maschinenlesbaren und angeblich fälschungssicheren Personalausweise beginnt.
19. Mai.
Bayern beschließt im Alleingang einen repressiven Maßnahmenkatalog zur Eindämmung von AIDS.
1. Juli.
Anläßlich der 750-Jahr-Feier beginnt die Tour de France in Westberlin.
7. September.
Als erster Staatsratsvorsitzender der DDR besucht Erich Honecker die Bundesrepublik.
11. Oktober.
Der ehemalige Ministerpräsident Schleswig-Holsteins, Uwe Barschel, der wegen illegaler Maßnahmen zurücktreten mußte, wird in Genf tot aufgefunden.
19. November.
Der Hamburger Senat schließt einen Pachtvertrag mit den Bewohnern der umstrittenen Häuser in der Hafenstraße ab.
Dezember.
Nach und nach werden 1942 Fässer mit Atomabfall gefunden, die verbotenerweise Plutonium-Abfälle enthalten: Der Transnuklear-Skandal wird bekannt.

1988

17. Februar.
Der saarländische Ministerpräsident Oskar Lafontaine tritt in einer Rede für die 35-Stunden-Woche ohne vollen Lohnausgleich ein; dies belastet das Verhältnis zwischen Gewerkschaften und SPD.
1. März.
Mit dem Beschluß zu einem Modellversuch, Heroinsüchtigen die Ersatzdroge Methadon zu verabreichen, reagiert die nordrhein-westfälische Landesregierung auf die zunehmende Rauschgiftsucht.
Mai.
Die Natur wehrt sich gegen die Umweltverschmutzung: Algenteppich und Robbensterben in der Nordsee sind Dauerthema des Sommers.
11. Mai.
Die Bundesregierung beschließt eine Reform der Bundespost, die Teile ihres Monopols an Private abgibt.
August.
Die Bundesregierung erwartet in diesem Jahr ca. 200.000 Aussiedler aus dem Ostblock.
28. August.
Bei einem Flugtag auf der US-Militärbasis in Ramstein stürzen drei Jets nach einem Zusammenstoß in die Menschenmenge: 70 Tote und 345 zum Teil schwer verletzte Zuschauer sind die Folge.
Oktober.
Nach AEG, Dornier und MTU soll Daimler-Benz jetzt nach dem Willen der Bundesregierung auch noch den Flugzeughersteller MBB übernehmen; der Konzern wird dadurch zum größten Rüstungslieferanten der Bundeswehr.
11. November.
Bundestagspräsident Philipp Jenninger muß nach einer umstrittenen Rede zum 50. Jahrestag der sogenannten Reichskristallnacht zurücktreten.
8. Dezember.
Ein US-Militärflugzeug stürzt bei einem Übungsflug auf die Stadt Remscheid; dabei werden durch glücklichen Zufall „nur" sechs Menschen getötet und rund 50 verletzt.

Fotos:

8/9: Gerhard Gronefeld, Keystone
10/11: AP, UPI, Herzog, Real-Film (2)
12/13: Keystone (2), Schorchtfilm
14/15: Max Ehlert, Süddeutscher Verlag
16/17: Keystone, Bildarchiv Preußischer Kulturbesitz
18/19: Keystone, VW-Museum
20/21: Sven Simon, Ullstein
22/23: VFWD, Keystone
24/25: Keystone, Süddeutscher Verlag
26/27: Süddeutscher Verlag, Walter Dick
28/29: Keystone, STERN-Archiv
30/31: UPI, H. Meyer-Pfundt
32/33: Horstmüller, IG Metall
34/35: Thomas Höpker/Agentur Anne Hamann, Sebastian Hartz
36/37: Hans Truöl, STERN-Archiv
38/39: De Telegraaf, Paris Match
40/41: Conti-Press, DPA
42/43: STERN-Archiv, Max Scheler,
44/45: Wolfgang Kunz/Bilderberg, ZDF, Hans Grimm
46/47: STERN-Archiv, Marion Schweitzer
48/49: AP, Kurt Will
50/51: Ullstein, Kurt Will
52/53: STERN-Archiv, Ullstein
54/55: Sven Simon, Werner Bokelberg
56/57: Herbert Peterhofen, Ullstein
58/59: Robert Lebeck, Eberhard Seeliger
60/61: Stern-Archiv, Benno Wundshammer
62/63: Patrick LaBanca, Martin Koslowski, Jochen Mönch, Aloys Spill, Jan Michael
64/65: Cornelius Meffert, Rudi Meisel/Visum
66/67: Herbert Peterhofen, Heinz Wagenknecht
68/69: Eupra, Max Scheler
70/71: STERN-Archiv
72/73: NOP, STERN-Archiv
74/75: Thomas Höpker/Agentur Anne Hamann, Gerhard Dierssen
76/77: Sven Simon, J. H. Darchinger
78/79: Volker Krämer (2)
80/81: Fred Ihrt, Franz Ruch
82/83: AP, Gamma
84/85: George Silk, J. H. Darchinger
86/87: Walter Schmitz/Bilderberg, Kai Greiser
88/89: Reinhard Janke/Argus, Georg Munker
90/91: Klaus Meyer-Andersen, Steffen Wolff
92/93: amw, Sven Simon
94/95: Teuto Press, Wolfgang von Brauchitsch, Rupert Leser, Frank Tobold
96/97: Peter Sylent, Dieter Bauer
98/99: Robert Lebeck, Herbert Peterhofen
100/101: Dietrich Habbe, Stern Archiv
102/103: Harald Schmitt, Volker Hinz
104/105: Norman Lomax, Hanns-Jörg Anders
106/107: Syndication International, Sigi Heinkow
108/109: Sebastian Knauer, Sygma.
110/111: Walter Weber, Reinhard Janke/Argus